Math in Focus®

Matemáticas de Singapur de Marshall Cavendish®

Cuaderno de actividades

Consultor y autor
Dr. Fong Ho Kheong

Autores
Chelvi Ramakrishnan y Bernice Lau Pui Wah

Consultores en Estados Unidos
Dr. Richard Bisk, Andy Clark y Patsy F. Kanter

 Marshall Cavendish
Education

Distribuidor en Estados Unidos

Houghton
Mifflin
Harcourt

© 2008 Marshall Cavendish International (Singapore) Private Limited
© 2015 Marshall Cavendish Education Pte Ltd

Published by Marshall Cavendish Education
Times Centre, 1 New Industrial Road, Singapore 536196
Customer Service Hotline: (65) 6213 9688
US Office Tel: (1-914) 332 8888 | Fax: (1-914) 332 8882
E-mail: cs@mceducation.com
Website: www.mceducation.com

Distributed by
Houghton Mifflin Harcourt
222 Berkeley Street
Boston, MA 02116
Tel: 617-351-5000
Website: www.hmheducation.com/mathinfocus

First published 2015

Math in Focus® Workbook 4B
ISBN 978-0-544-20774-5

Printed in Singapore

9 10 11   1401   22 21 20
4500808748   A B C D E

Contenido

Ángulos

Segmentos paralelos y perpendiculares

11 Cuadrados y rectángulos

12 Conversión de mediciones

13 Área y perímetro

Simetría

Teselaciones

Nombre: _____   Fecha: _____

Capítulo 7

Decimales

Práctica 1   Comprender los décimos

Sombrea los cuadrados para representar cada decimal.
Cada cuadrado representa 1 unidad.

Ejemplo

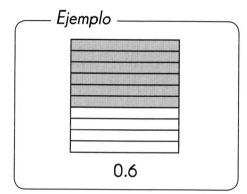

0.6

1.

0.3

2.

1.8

3.

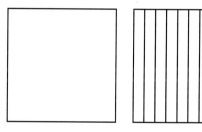

1.5

Escribe un decimal en cada tabla de valor posicional.

4.

Unidades	Décimos
	○ ○ ○

_____

5.

Unidades	Décimos
○ ○	○ ○ ○ ○

_____

6.

Unidades	Décimos
○ ○ ○	○ ○ ○
○	○ ○ ○

_____

7.

Unidades	Décimos
○ ○ ○	○ ○ ○
○ ○	○ ○ ○

_____

Escribe el decimal correcto en cada casilla.

8.

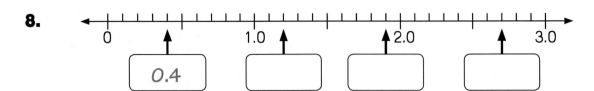

Marca con una X el lugar donde se ubica cada decimal en la recta numérica. Rotula su valor.

9. 1.6   **10.** 1.8   **11.** 2.4

Escribe cada una de estas cantidades en forma de decimal.

12. 9 décimos = _____   **13.** 13 décimos = _____

14. 26 décimos = _____   **15.** 9 unidades y 3 décimos = _____

Escribe cada fracción o número mixto en forma de decimal.

16. $\frac{7}{10}$ = _____   **17.** $2\frac{3}{10}$ = _____

18. $\frac{41}{10}$ = _____   **19.** $\frac{109}{10}$ = _____

Escribe cada decimal en décimos.

20. 0.3 = _____ décimos   **21.** 5.7 = _____ décimos

22. 26.1 = _____ décimos   **23.** 48.9 = _____ décimos

Escribe una fracción y un decimal para cada medida.

Ejemplo

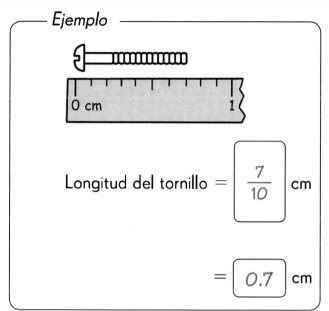

Longitud del tornillo = $\dfrac{7}{10}$ cm

= 0.7 cm

24.

Cantidad de agua = ⬜ L

= ⬜ L

Escribe un número mixto y un decimal para cada medida.

25.

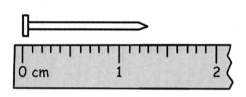

Longitud del clavo = ⬜ cm

= ⬜ cm

26.

Cantidad de agua = ⬜ L

= ⬜ L

Completa los espacios en blanco.

27.   3.4 = 3 unidades y _____ décimos

28.   5.8 = _____ unidades y 8 décimos

29.   22.1 = 2 decenas 2 unidades y _____ décimo

30.   36.7 = _____ decenas 6 unidades y 7 décimos

Puedes escribir 15.2 en forma desarrollada como $10 + 5 + \frac{2}{10}$.
Completa de la misma manera.

31.   4.5 = [   ] + [   ]   **32.**   23.7 = [   ] + [   ] + [   ]

Puedes escribir 14.3 en forma desarrollada como 10 + 4 + 0.3.
Completa de la misma manera.

33.   6.9 = [   ] + [   ]

34.   35.4 = [   ] + [   ] + [   ]

Completa los espacios en blanco.

35.

Decenas	Unidades	Décimos
3	4	6

El dígito 6 está en el lugar de _____. Su valor es _____.

36.

Decenas	Unidades	Décimos
5	0	8

El dígito 0 está en el lugar de _____. Su valor es _____.

Práctica 2   Comprender los centésimos

Sombrea los cuadrados para representar cada decimal.
Cada cuadrado grande representa 1 unidad.

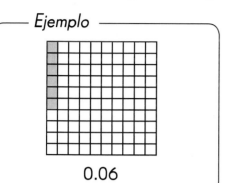

Ejemplo

0.06

1.

0.55

2.

1.05

3.

1.23

Escribe un decimal en cada tabla de valor posicional.

4.

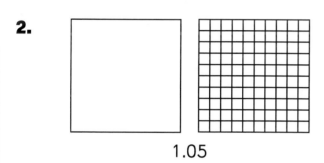

Unidades	Décimos	Centésimos
	● ● ●	● ● ●
		● ● ●

_____

5.

Unidades	Décimos	Centésimos
● ●	● ●	● ● ●
● ● ●	● ●	● ● ●
●	● ●	● ●

_____

6.

Unidades	Décimos	Centésimos
● ●	● ●	
● ●	● ●	
	●	

_____

7.

Unidades	Décimos	Centésimos
●		● ●
●		● ● ●

_____

Escribe el decimal correcto en cada casilla.

8.

Marca con una ✗ el lugar donde se ubica cada decimal en la recta numérica. Rotula su valor.

9. 0.14 **10.** 0.22 **11.** 0.27

Escribe cada una de estas cantidades en forma de decimal.

12. 9 centésimos = _____

13. 23 centésimos = _____

14. 6 décimos 1 centésimo = _____

15. 7 unidades y 90 centésimos = _____

Escribe cada fracción en forma de decimal.

16. $\dfrac{5}{100}$ = _____   **17.** $\dfrac{19}{100}$ = _____

18. $\dfrac{83}{100}$ = _____   **19.** $\dfrac{70}{100}$ = _____

Escribe cada fracción o número mixto en forma de decimal.

20. $3\dfrac{17}{100}$ = _____   **21.** $18\dfrac{9}{100}$ = _____

Escribe cada fracción o número mixto en forma de decimal.

22. $\dfrac{233}{100} =$ _____

23. $\dfrac{104}{100} =$ _____

Escribe cada decimal en centésimos.

24. $0.07 =$ _____ centésimos

25. $2.31 =$ _____ centésimos

26. $1.83 =$ _____ centésimos

27. $5.09 =$ _____ centésimos

Completa los espacios en blanco.

28. $0.38 =$ _____ décimos 8 centésimos

29. $2.71 = 2$ unidades y 7 décimos _____ centésimo

30. $5.09 = 5$ unidades y _____ centésimos

31. $8.86 = 8$ unidades y 8 décimos _____ centésimos

Puedes escribir 6.13 en forma desarrollada como $6 + \dfrac{1}{10} + \dfrac{3}{100}$.
Completa de la misma manera.

32. $5.24 =$ ☐ $+$ ☐ $+$ ☐

33. $8.96 =$ ☐ $+$ ☐ $+$ ☐

Puedes escribir 7.45 en forma desarrollada como 7 + 0.4 + 0.05. Completa de la misma manera.

34.   4.31 = [   ] + [   ] + [   ]

35.   9.57 = [   ] + [   ] + [   ]

Completa los espacios en blanco.

36.   En 0.38, el dígito 8 está en el lugar de _____.

37.   En 12.67, el dígito en el lugar de los décimos es _____.

38.   En 3.45, el valor del dígito 5 es _____.

39.   En 5.02, el valor del dígito 2 es _____ centésimos.

Escribe cada cantidad en forma de decimal.

40.   75 centavos = $_____

41.   40 centavos = $_____

42.   5 centavos = $_____

43.   130 centavos = $_____

44.   10 dólares y 25 centavos = $_____

45.   28 dólares = $_____

46.   1 dólar y 9 centavos = $_____

Práctica 3   Comparar decimales

Usa la recta numérica. Halla el número que se describe.

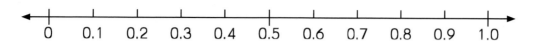

1. 0.1 más que 0.2. _____   2. 0.3 más que 0.5. _____

3. 0.1 menos que 0.6. _____   4. 0.2 menos que 0.9. _____

Usa la recta numérica. Halla el número que se describe.

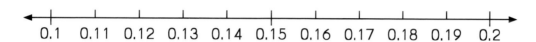

5. 0.01 más que 0.13. _____   6. 0.04 más que 0.16. _____

7. 0.01 menos que 0.18. _____   8. 0.05 menos que 0.17. _____

Completa los números que faltan.

	Número	0.1 más que el número	0.1 menos que el número
9.	4.7		
10.	2.05		

	Número	0.01 más que el número	0.01 menos que el número
11.	0.94		
12.	3.8		

Completa los patrones de números. Usa la recta numérica como ayuda.

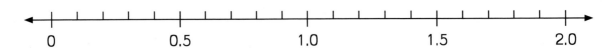

13. 0.2   0.4   0.6   _____   _____

14. 1.1   0.9   0.7   _____   _____

15. 0.1   0.4   _____   1.0   _____

16. 2.0   _____   _____   0.8   0.4

Continúa los patrones de números.

17.

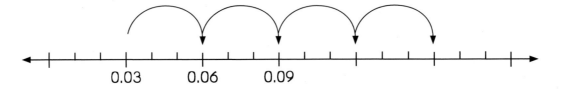

0.03   0.06   0.09   _____   _____

18.

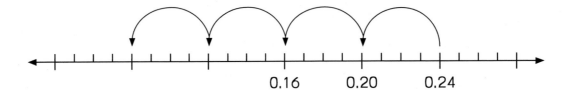

0.24   0.20   0.16   _____   _____

Práctica 4   Comparar decimales

**Compara los dos decimales de cada tabla. Luego, completa
los espacios en blanco.**

— *Ejemplo* —

Unidades	Décimos	Centésimos
0	4	
0	3	8

_0.4_ es mayor que _0.38_.

1.

Unidades	Décimos	Centésimos
0	8	2
0	8	

_____ es mayor que _____.

2.

Unidades	Décimos	Centésimos
0	3	
0	2	5

_____ es menor que _____.

3.

Unidades	Décimos	Centésimos
3	0	9
3	1	

_____ es menor que _____.

Compara. Escribe < o >.

4. 1.6 ◯ 1.8

5. 0.65 ◯ 0.55

6. 0.11 ◯ 0.07

7. 2.12 ◯ 2.21

Completa los espacios en blanco con *mayor que*, *menor que* o *igual a*.

8. 3.7 es _____ 0.37.

9. 0.15 es _____ 0.51.

10. 0.20 es _____ 2.05.

11. 2.3 es _____ 2.30.

Encierra en un círculo el decimal mayor y subraya el decimal menor.

12. 0.5   0.53   0.03

13. 8.7   8.07   8.71

14. 1.03   1.3   0.13

15. 2.35   2.05   3.25

Escribe los decimales en orden de menor a mayor.

16. 3.33   3.03   3.30   _____   _____   _____

17. 5.51   5.05   5.15   _____   _____   _____

18. 1.04   0.41   4.10   _____   _____   _____

19. 6.32   3.26   2.63   _____   _____   _____

Nombre: _____   Fecha: _____

Práctica 5   Redondear decimales

Completa los números que faltan en cada casilla.
Luego, redondea cada decimal al número entero más cercano.

Ejemplo

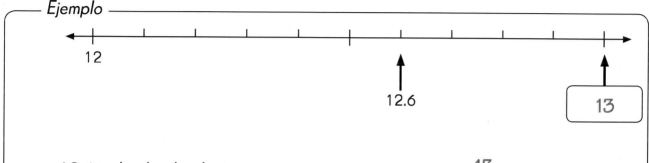

12

12.6

13

12.6 redondeado al número entero más cercano es _____13_____.

1.

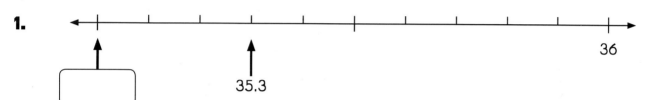

36

35.3

35.3 redondeado al número entero más cercano es _____.

2.

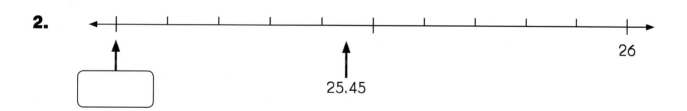

26

25.45

25.45 redondeado al número entero más cercano es _____.

3.

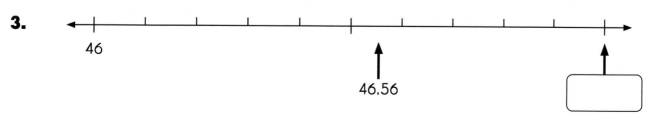

46

46.56

46.56 redondeado al número entero más cercano es _____.

Redondea cada medida.

4.

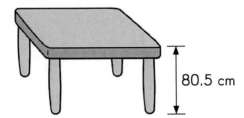

80.5 cm

Redondea la altura de la mesa al centímetro más cercano.

_80.5_ centímetros es aproximadamente _____ centímetros.

5.

Redondea el precio del champú al dólar más cercano.

$_____ es aproximadamente $_____.

6.

4.55 L

Redondea la cantidad de detergente al litro más cercano.

_____ litros es aproximadamente _____ litros.

7.

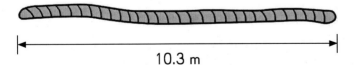

10.3 m

Redondea la longitud de la cuerda al metro más cercano.

_____ metros es aproximadamente _____ metros.

Práctica 6   Redondear decimales

Completa los números que faltan en cada casilla.
Luego, redondea cada decimal al décimo más cercano.

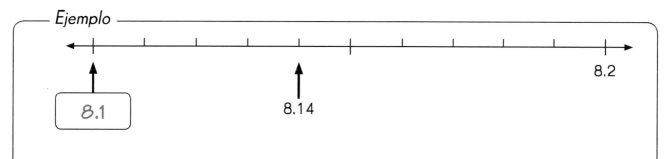

Ejemplo

8.1

8.14

8.2

8.14 redondeado al décimo más cercano es ___8.1___.

1.

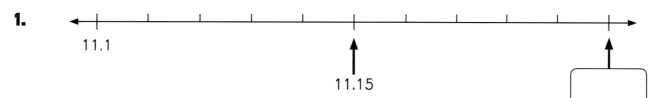

11.1

11.15

11.15 redondeado al décimo más cercano es _____.

2.

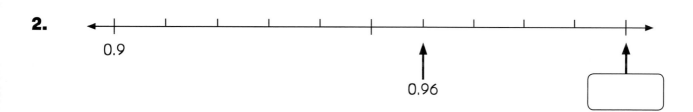

0.9

0.96

0.96 redondeado al décimo más cercano es _____.

3.

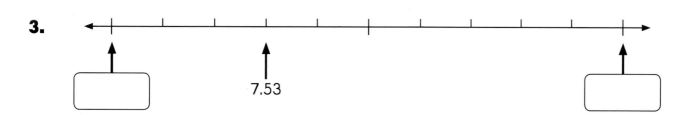

7.53

7.53 redondeado al décimo más cercano es _____.

Redondea cada medida.

4. Ryan pesa 44.69 kilogramos.
Redondea su peso al décimo de kilogramo más cercano.

___44.69___ kilogramos son aproximadamente _____ kilogramos.

5. Susan mide 1.72 metros de estatura.
Redondea su estatura al décimo de metro más cercano.

_____ metros es aproximadamente _____ metros.

6. La distancia entre la casa de Chong y su escuela es de 5.95 millas.
Redondea la distancia al décimo de milla más cercano.

_____ millas son aproximadamente _____ millas.

7. 1 pulgada es igual a 2.54 centímetros.
Redondea 2.54 al décimo de centímetro más cercano.

_____ centímetros son aproximadamente _____ centímetros.

8. 1 libra se aproxima a 0.45 kilogramos.
Redondea 0.45 al décimo de kilogramo más cercano.

_____ kilogramos es aproximadamente _____ kilogramos.

Redondea cada decimal al número entero más cercano y al décimo más cercano.

	Decimal	Redondeado al más cercano	
		Número entero	Décimo
9	3.49		
10.	5.65		
11.	4.13		
12.	4.99		

Práctica 7   Fracciones y decimales

Escribe cada fracción en forma de decimal.

> *Ejemplo*
>
> $\dfrac{9}{10} =$ ___0.9___

1. $\dfrac{7}{10} =$ _____

2. $\dfrac{3}{100} =$ _____

3. $\dfrac{51}{100} =$ _____

Expresa cada fracción en forma de decimal.
Pista: Haz que el denominador sea 10 ó 100.

> *Ejemplo*
>
> $\dfrac{2}{5} = \dfrac{4}{10}$
>
> $= 0.4$

4. $\dfrac{1}{2}$

5. $\dfrac{5}{2}$

6. $\dfrac{5}{4}$

7. $\dfrac{7}{20}$

8. $\dfrac{2}{25}$

Escribe cada número mixto en forma de decimal.

9. $3\frac{5}{10}$

10. $6\frac{43}{100}$

11. $8\frac{3}{5}$

12. $10\frac{3}{20}$

Escribe cada decimal en forma de fracción o de número mixto en su mínima expresión.

13. 0.3

14. 0.5

15. 5.2

16. 0.25

17. 4.08

18. 3.45

¡Ponte la gorra de pensar!

Práctica avanzada

Marca con una X el lugar donde se ubica cada decimal en la recta numérica. Rotula su valor.

1.   1.2

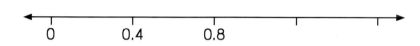

2.   0.12

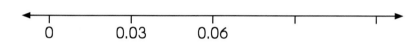

Escribe un decimal que sea

3.   mayor que 2, pero menor que 2.1. _____

4.   mayor que 1.1, pero menor que 1.2. _____

Redondea 9.95

5.   al número entero más cercano.   _____

6.   al décimo más cercano.   _____

¡Ponte la gorra de pensar!

Resolución de problemas

Los decimales de cada ejercicio siguen un patrón.
Escribe los dos decimales que faltan en cada patrón.

1.   0.01   0.14   _____   0.4   _____   0.66

2.   1.21   1.42   _____   1.84   2.05   _____

3.   0.48   0.39   _____   0.21   0.12   _____

4.   2.76   2.62   _____   2.34   _____   2.06

5.   0.01   0.02   0.04   0.07   0.11   _____   _____

6.   2.95   2.85   2.65   2.35   1.95   _____   _____

7.   0.38   0.4   0.36   0.38   0.34   _____   _____

8.   3.14   2.84   2.54   2.94   3.34   3.04   _____   _____

Sumar y restar decimales

Práctica 1   Sumar decimales

Completa los espacios en blanco. Escribe cada suma en forma de decimal.

Ejemplo

$0.3 + 0.5 =$ _____3_____ décimos $+$ _____5_____ décimos

$=$ _____8_____ décimos

$=$ ____0.8____

---

1. $0.8 + 0.2 =$ _____ décimos $+$ _____ décimos

$=$ _____ décimos

$=$ _____

2. $0.7 + 0.7 =$ _____ décimos $+$ _____ décimos

$=$ _____ décimos

$=$ _____

3. $0.9 + 0.8 =$ _____ décimos $+$ _____ décimos

$=$ _____ décimos

$=$ _____

Completa los espacios en blanco.

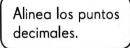

Alinea los puntos decimales.

4.

Paso 1

$$
\begin{array}{r}
4.8 \\
+ \ 3.6 \\
\hline
\end{array}
$$

Suma los décimos.

8 décimos + 6 décimos = _____ décimos

Reagrupa los décimos.

_____ décimos = _____ unidad y _____ décimos

Paso 2

$$
\begin{array}{r}
4.8 \\
+ \ 3.6 \\
\hline
\end{array}
$$

Suma las unidades.

4 unidades + 3 unidades + _____ unidad = _____ unidades

Entonces, 4.8 + 3.6 = _____.

Suma.

5.
$$
\begin{array}{r}
8.5 \\
+ \ 2.3 \\
\hline
\end{array}
$$

6.
$$
\begin{array}{r}
6.6 \\
+ \ 1.6 \\
\hline
\end{array}
$$

Escribe en forma vertical. Luego suma.

7.   15.7 + 3.8 = _____

8.   22.9 + 7.2 = _____

Práctica 2   Sumar decimales

Completa los espacios en blanco. Escribe cada suma en forma de decimal.

Ejemplo

$0.02 + 0.04 =$ ___2___ centésimos $+$ ___4___ centésimos

$=$ ___6___ centésimos

$=$ ___0.06___

---

1. $0.03 + 0.07 =$ _____ centésimos $+$ _____ centésimos

$=$ _____ centésimos

$=$ _____

2. $0.06 + 0.08 =$ _____ centésimos $+$ _____ centésimos

$=$ _____ centésimos

$=$ _____

3. $0.09 + 0.05 =$ _____ centésimos $+$ _____ centésimos

$=$ _____ centésimos

$=$ _____

Completa los espacios en blanco.

4.

Paso 1

$$2.34$$
$$+ \ 0.87$$

Alinea los puntos decimales.

Suma los centésimos.

4 centésimos + 7 centésimos

= _____ centésimos

Reagrupa los centésimos.

_____ centésimos = _____ décimo _____ centésimo

Paso 2

$$2.34$$
$$+ \ 0.87$$

Suma los décimos.

3 décimos + 8 décimos + _____ décimo = _____ décimos

Reagrupa los décimos.

_____ décimos = _____ unidad y _____ décimos

Paso 3

$$2.34$$
$$+ \ 0.87$$

Suma las unidades.

2 unidades + 0 unidades + _____ unidad = _____ unidades

Entonces, 2.34 + 0.87 = _____.

© Marshall Cavendish Education Pte Ltd

Suma.

5.
```
    0 . 0 2
+   0 . 3 5
_____
```

6.
```
    0 . 0 6
+   0 . 4 6
_____
```

Escribe en forma vertical. Luego suma.

7. $0.57 + $0.29 = $_____

8.   3.6 + 0.54 = _____

9. $0.78 + $0.88 = $_____

10.   7.25 + 1.78 = _____

Derek salta dos veces en cada recta numérica.
¿En qué decimal cae?
Escribe el decimal correcto en cada casilla.

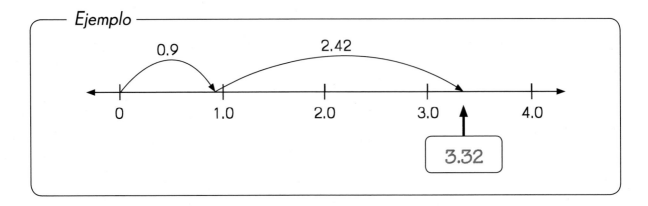

Ejemplo

11.

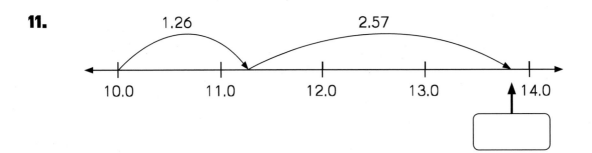

12.

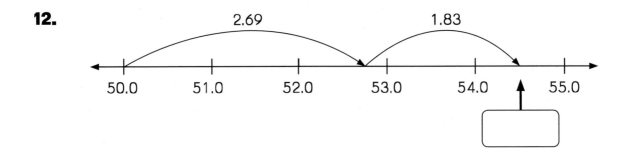

13.

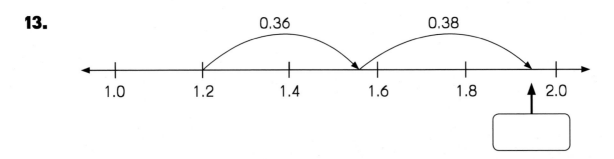

Práctica 3   Restar decimales

Completa los espacios en blanco. Escribe cada diferencia en forma de decimal.

> *Ejemplo*
>
> $0.9 - 0.4 =$ ___9___ décimos $-$ ___4___ décimos
>
> $=$ ___5___ décimos
>
> $=$ ___0.5___

1. $1 - 0.3 =$ _____ décimos $-$ _____ décimos

$=$ _____ décimos

$=$ _____

2. $1.3 - 0.6 =$ _____ décimos $-$ _____ décimos

$=$ _____ décimos

$=$ _____

3. $1.8 - 0.9 =$ _____ décimos $-$ _____ décimos

$=$ _____ décimos

$=$ _____

Completa los espacios en blanco.

4.

$$
\begin{array}{r}
3\,.\,5 \\
-\ \ 1\,.\,7 \\
\hline
\end{array}
$$

No puedes restar 7 décimos de 5 décimos.
Entonces, reagrupa 3 unidades y 5 décimos.
3 unidades y 5 décimos

= _____ unidades y _____ décimos

Resta los décimos.

_____ décimos − 7 décimos = _____ décimos

Paso 2

$$
\begin{array}{r}
3\,.\,5 \\
-\ \ 1\,.\,7 \\
\hline
\end{array}
$$

Resta las unidades.

_____ unidades − _____ unidad

= _____ unidad

Entonces, 3.5 − 1.7 = _____.

Resta.

5.
$$
\begin{array}{r}
4.6 \\
-\ 2.2 \\
\hline
\end{array}
$$

6.
$$
\begin{array}{r}
7.4 \\
-\ 6.5 \\
\hline
\end{array}
$$

Escribe en forma vertical. Luego resta.

7.   6.7 − 2.4 = _____

8.   3 − 1.3 = _____

Completa los espacios en blanco. Escribe cada diferencia en forma de decimal.

> *Ejemplo*
>
> 0.08 − 0.02 = ___*8*___ centésimos − ___*2*___ centésimos
>
> = ___*6*___ centésimos
>
> = ___*0.06*___

9.   0.23 − 0.19 = _____ centésimos − _____ centésimos

= _____ centésimos

= _____

10.   0.1 − 0.06 = _____ centésimos − _____ centésimos

= _____ centésimos

= _____

Completa los espacios en blanco.

11.

$$
\begin{array}{r}
4.23 \\
-\ 1.54 \\
\hline
\end{array}
$$

No puedes restar 4 centésimos de 3 centésimos.
Entonces, reagrupa 2 décimos 3 centésimos.
2 décimos 3 centésimos

= _____ décimo _____ centésimos

Resta los centésimos.

_____ centésimos — _____ centésimos

= _____ centésimos

Paso 2

$$
\begin{array}{r}
4.23 \\
-\ 1.54 \\
\hline
\end{array}
$$

No puedes restar 5 décimos de _____ décimo.

Entonces, reagrupa 4 unidades y _____ décimo.

4 unidades y _____ décimo

= _____ unidades y _____ décimos

Resta los décimos.

_____ décimos — 5 décimos = _____ décimos

Paso 3

$$\begin{array}{r} 4.23 \\ -\ 1.54 \\ \hline \end{array}$$

Resta las unidades.

_____ unidades − 1 unidad = _____ unidades

Entonces, 4.23 − 1.54 = _____.

Resta.

12.
$$\begin{array}{r} 0.39 \\ -\ 0.07 \\ \hline \end{array}$$

13.
$$\begin{array}{r} 0.51 \\ -\ 0.36 \\ \hline \end{array}$$

14.
$$\begin{array}{r} 2.35 \\ -\ 0.48 \\ \hline \end{array}$$

15.
$$\begin{array}{r} 12.45 \\ -\ 10.63 \\ \hline \end{array}$$

16.
$$\begin{array}{r} 10.13 \\ -\ 7.18 \\ \hline \end{array}$$

17.
$$\begin{array}{r} 20 \\ -\ 14.56 \\ \hline \end{array}$$

Escribe en forma vertical. Luego resta.

18. $\quad$ 5.38 − 2.73 = _____

19. $\quad$ 1.06 − 0.38 = _____

20. $\quad$ 5.6 − 1.72 = _____

21. $\quad$ 3 − 0.42 = _____

Práctica 4   Problemas cotidianos: Decimales

Resuelve. Muestra el proceso.

Ejemplo

1 libra de uvas cuesta $1.79 y 1 libra de duraznos cuesta $1.49.
¿Cuál es el costo total de 1 libra de uvas y 1 libra de duraznos?

Costo de las uvas + costo de los duraznos = costo total
$1.79 + $1.49 = $3.28
El costo total de 1 libra de uvas
y 1 libra de duraznos es $3.28.

---

1. Hay un tanque lleno de agua. Después de que se usan 16.5 litros de agua, quedan 8.75 litros de agua. ¿Cuánta agua había en el tanque lleno?

2. Un trozo de tela mide 4.5 yardas de largo. Un cliente compra 2.35 yardas de la tela. ¿Cuántas yardas de tela quedan?

3. El señor Larson vive a 8.7 millas de la escuela. Volvía conduciendo de la escuela a su casa y se detuvo a las 3.5 millas en un supermercado. ¿Cuánto más tiene que conducir antes de llegar a su casa?

4. Una tienda de comestibles tiene una oferta. Un pan integral normalmente cuesta $2.29, pero el precio de oferta es de $1.79. La tienda también ofrece un galón de leche fresca a 50¢ menos. Si la señora Larson compra un galón de leche fresca y un pan integral, ¿cuánto ahorra en sus compras?

5. Lili compró una falda a $25.90 y una camisa a $19.50. Pagó al cajero $50. ¿Cuánto cambio recibió?

6. Shannon recoge agua de lluvia para regar sus flores. Tiene un balde con 3.4 galones de agua y otro con 1.85 galones menos. Usa ambos baldes para regar las flores. ¿Cuántos galones de agua usa?

 ¡Ponte la gorra de pensar!

Práctica avanzada

1. Miguel resta dos números y obtiene como respuesta 4.95.
De los dos números el menor es 3.4.
¿Cuál es el otro número?

2. Julia resta dos números y obtiene como respuesta 6.8.
De los dos números el mayor es 10.55.
¿Cuál es el otro número?

¡Ponte la gorra de pensar!

 Resolución de problemas

1. El número que hay en cada rectángulo es la suma de los números que están en los dos círculos junto a él. Halla los números que van en los círculos.

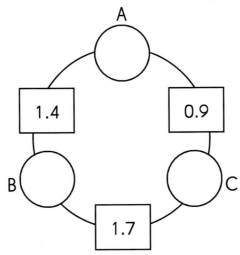

2. Cada semana, Renata ahorra $5. Su hermano ahorra $2.50 menos por semana, pero comenzó a ahorrar 4 semanas antes. ¿Después de cuántas semanas serán los ahorros de Renata iguales a los de su hermano?

Nombre: _____   Fecha: _____

Repaso acumulativo
de los Capítulos 7 y 8

Conceptos y destrezas

Escribe cada fracción o número mixto en forma de decimal. *(Lección 7.1)*

1. $\dfrac{4}{10}$ = _____

2. $3\dfrac{3}{10}$ = _____

3. $\dfrac{18}{10}$ = _____

Escribe cada decimal expresado en décimos. *(Lección 7.1)*

4. 0.6 = _____ décimos

5. 1.7 = _____ décimos

6. 9.5 = _____ décimos

7. 4.2 = _____ décimos

Expresa cada una de estas cantidades en forma de decimal. *(Lección 7.1)*

8. 3 unidades y 4 décimos = _____

9. 8 unidades y 1 décimo = _____

10. 77 décimos = _____

11. 19 décimos = _____

Completa los espacios en blanco. *(Lección 7.1)*

12. 22 décimos = 2 unidades y _____ décimos

13. 3.2 = 3 unidades y _____ décimos

Escribe el decimal correcto en cada casilla. *(Lección 7.1)*

14.
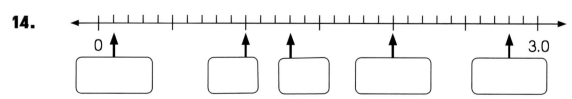

Completa la forma desarrollada de cada decimal. *(Lección 7.1)*

15. $5.4 = 5 +$ _____

16. $7.1 = 7 +$ _____

17. $3.6 = 3 +$ _____

18. $10.2 = 10 +$ _____

Completa los espacios en blanco. *(Lección 7.1)*

19.   En 22.3, el dígito 3 está en el lugar de los _____.

Su valor es _____.

Escribe cada fracción o número mixto en forma de decimal. *(Lección 7.2)*

20. $\dfrac{9}{100} =$ _____

21. $2\dfrac{26}{100} =$ _____

22. $\dfrac{105}{100} =$ _____

Escribe cada decimal expresado en centésimos. *(Lección 7.2)*

23. $0.06 =$ _____ centésimos

24. $1.33 =$ _____ centésimos

25. $2.5 =$ _____ centésimos

Expresa cada una de estas cantidades en forma de decimal. *(Lección 7.2)*

26.   2 unidades y 6 centésimos = _____

27.   5 décimos 5 centésimos = _____

28.   7 unidades y 3 décimos 4 centésimos = _____

Completa los espacios en blanco. *(Lección 7.2)*

29. 16 centésimos = 1 décimo _____ centésimos

30. 0.45 = 4 décimos _____ centésimos

Marca con una **X** el lugar donde se ubica cada decimal en la recta numérica. Rotula su valor. *(Lección 7.2)*

31. 0.04   **32.** 0.15   **33.** 0.26

Completa. *(Lección 7.2)*

34. 5.2 = _____ unidades y _____ décimos

35. 0.86 = _____ décimos _____ centésimos

36. 3.7 = _____ décimos

37. 0.93 = _____ centésimos

Escribe cada total en forma de decimal. *(Lección 7.2)*

38. 7 + 0.6 + 0.02 = _____

39. 10 + 0.4 + 0.04 = _____

40. $5 + \frac{1}{10} + \frac{8}{100}$ = _____

41. $9 + \frac{3}{10} + \frac{7}{100}$ = _____

Completa los espacios en blanco. *(Lección 7.2)*

42. En 14.68, el dígito 8 está en el lugar de _____.

Su valor es _____.

Completa los espacios en blanco. *(Lección 7.2)*

43. $0.75 = _____ centavos

44. $12.25 = _____ centavos

45. $8.05 = _____ centavos

Escribe cada cantidad de dinero en forma de decimal. *(Lección 7.2)*

46. 65 centavos = $_____

47. 10 dólares y 90 centavos = $_____

48. 2 dólares y 5 centavos = $_____

Completa los espacios en blanco. *(Lección 7.3)*

49. 0.1 más que 1.1 es _____.

50. 0.2 menos que 2 es _____.

51. 0.01 menos que 0.1 es _____.

52. 0.03 más que 0.07 es _____.

Marcacon una X el lugar donde se ubica cada decimal en la recta numérica. Rotula su valor. *(Lección 7.3)*

53.   0.16   **54.**   0.24

Compara. Escribe > o <. *(Lección 7.3)*

55.   4.1 ◯ 0.41   **56.**   0.73 ◯ 0.70

Encierra en un círculo el mayor decimal y subraya el menor. *(Lección 7.3)*

57.   3.04   3.4   0.34

58.   0.6   0.61   0.65

Completa los espacios en blanco. *(Lección 7.3)*

59.   Escribe un decimal que sea mayor que 0.9 pero menor que 1.0. _____

Redondea cada decimal al número entero más cercano. *(Lección 7.4)*

60.   4.36 = _____ **61.**   7.81 = _____ **62.**   5.07 = _____

Redondea cada decimal al décimo más cercano. *(Lección 7.4)*

63.   2.39 = _____ **64.**   6.63 = _____ **65.**   4.00 = _____

Escribe cada decimal en forma de fracción en su mínima expresión. *(Lección 7.5)*

66. $\quad 0.6 =$ ⬚

67. $\quad 0.55 =$ ⬚

Escribe cada fracción o número mixto en forma de decimal. *(Lección 7.5)*

68. $\quad \dfrac{1}{5} =$ _____

69. $\quad \dfrac{9}{20} =$ _____

70. $\quad \dfrac{5}{2} =$ _____

71. $\quad 1\dfrac{3}{4} =$ _____

72. $\quad 4\dfrac{2}{5} =$ _____

73. $\quad 5\dfrac{1}{4} =$ _____

Halla cada suma o diferencia. *(Lecciones 8.1 y 8.2)*

74.
$$\begin{array}{r} 6.74 \\ +\ 2.17 \\ \hline \end{array}$$

75.
$$\begin{array}{r} 3.28 \\ +\ 0.91 \\ \hline \end{array}$$

76.
$$\begin{array}{r} 5.76 \\ +\ 4.26 \\ \hline \end{array}$$

77.
$$\begin{array}{r} 7.05 \\ -\ 1.33 \\ \hline \end{array}$$

78.
$$\begin{array}{r} 8.72 \\ -\ 3.43 \\ \hline \end{array}$$

79.
$$\begin{array}{r} 6.36 \\ -\ 5.79 \\ \hline \end{array}$$

Resolución de Problemas

Resuelve. Muestra el proceso. *(Lección 8.3)*

80. Lina piensa en un número. Si le suma 9.65, el resultado es 20.7.
¿En qué número está pensando Lina?

81. Suri compró una falda por $25.90 y una camiseta por $19.90.
Le entregó $50 al cajero.
¿Cuánto cambio recibió?

82.   Jim compró un bolígrafo y una calculadora. Le entregó $50 al cajero y recibió $20.45 de cambio. Si el bolígrafo costó $4.50, ¿cuánto costó la calculadora?

83.   Se pinta un poste de blanco y rojo. La parte blanca mide 0.75 metros de largo y la parte roja mide 1.45 metros más. ¿Cuál es la longitud del poste?

Capítulo

9 Ángulos

Práctica 1   Comprender y medir ángulos

Nombra los ángulos de dos maneras.

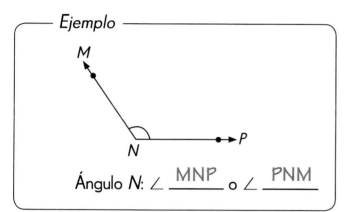

Ejemplo

Ángulo *N*: ∠ _MNP_ o ∠ _PNM_

1.

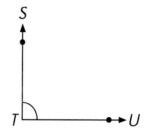

Ángulo *T*: ∠ _____ o ∠ _____

2.

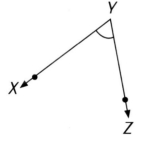

Ángulo *Y*: ∠ _____ o ∠ _____

3.

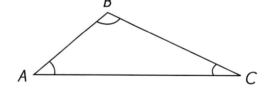

Ángulo *A*: ∠ _____ o ∠ _____

Ángulo *B*: ∠ _____ o ∠ _____

Ángulo *C*: ∠ _____ o ∠ _____

Nombra de dos maneras distintas los ángulos marcados.

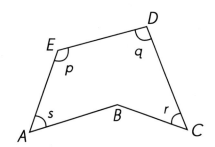

┌─ *Ejemplo* ─────────────────────────┐
│   │
│   ∠p: ∠ __AED__ o ∠ __DEA__   │
│   │
└──────────────────────────────────────┘

4.   ∠q: ∠ _____ o ∠ _____

5.   ∠r: ∠ _____ o ∠ _____

6.   ∠s: ∠ _____ o ∠ _____

Nombra de dos maneras distintas los ángulos marcados.

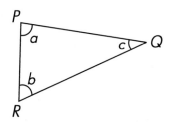

┌─ *Ejemplo* ─────────────────────────┐
│   │
│   ∠PQR: ∠ __c__ o ∠ __RQP__   │
│   │
└──────────────────────────────────────┘

7.   ∠PRQ: ∠ _____ o ∠ _____

8.   ∠QPR: ∠ _____ o ∠ _____

Decide qué escala usarías para medir cada ángulo.
Completa los espacios en blanco con *escala interior* o *escala exterior*.

Ejemplos

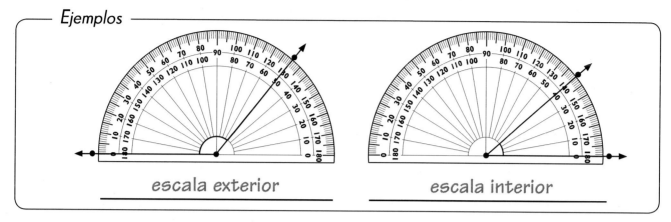

escala exterior   escala interior

9.

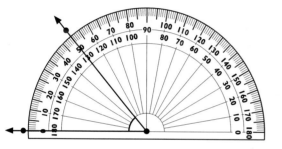

_____

10.

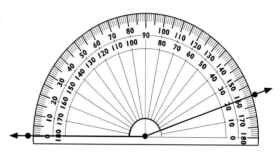

_____

11.

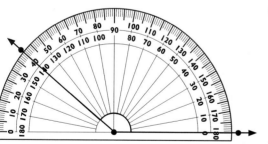

_____

12.

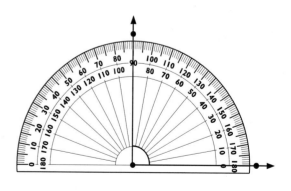

_____

Escribe la medida de cada ángulo en grados.
Determina si es un *ángulo agudo* o un *ángulo obtuso*.

Ejemplo

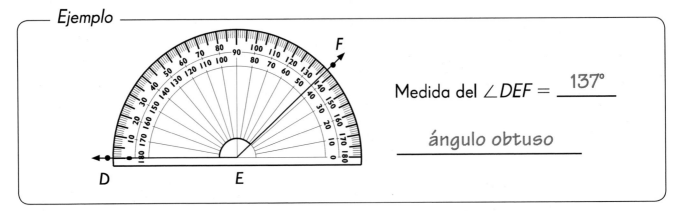

Medida del ∠*DEF* = ___137°___

___ángulo obtuso___

13.

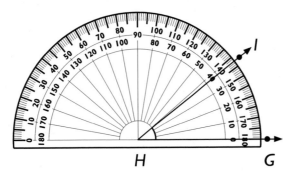

Medida del ∠*GHI* = _____

_____

14.

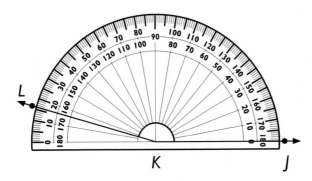

Medida del ∠*JKL* = _____

_____

15.

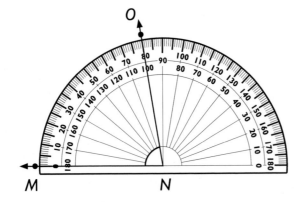

Medida del ∠*MNO* = _____

_____

Estima la medida de cada ángulo y luego mídelo.

Pregúntate:
"¿Es un ángulo agudo
o un ángulo obtuso?".

16.

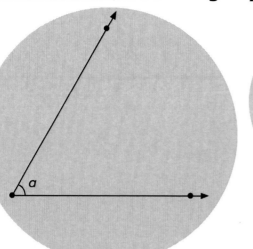

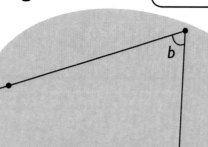

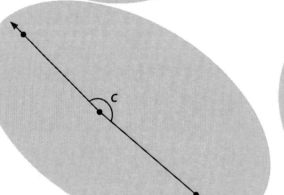

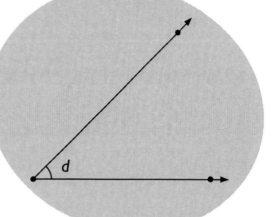

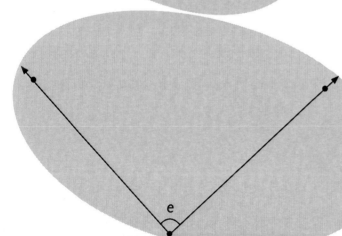

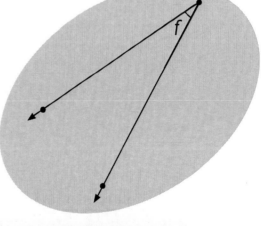

Ángulo	a	b	c	d	e	f
Estimación	50°					
Medida	60°					

Peter está recorriendo un camino. Mide los ángulos marcados en este camino.

17.

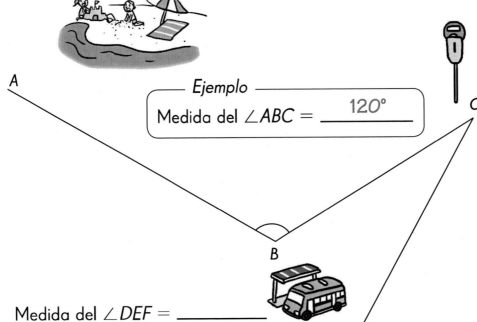

A

┌─────── *Ejemplo* ───────┐
│ Medida del ∠ABC = ___120°___ │
└─────────────────────────┘

C

B

Medida del ∠DEF = _____

Medida del ∠GHI = _____

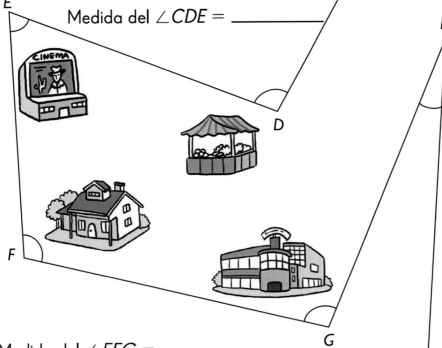

E

Medida del ∠CDE = _____

H

D

Medida del ∠EFG = _____

G

Medida del ∠FGH = _____

I

Práctica 2   Trazar ángulos de hasta 180°

Usa un transportador para trazar cada ángulo.

1.   70° usando la escala interior

2.   147° usando la escala exterior

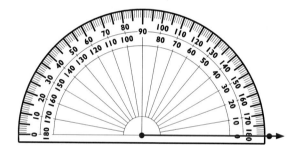

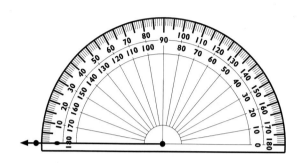

3.   35° usando la escala interior

4.   108° usando la escala exterior

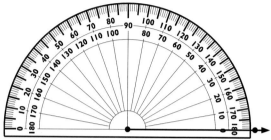

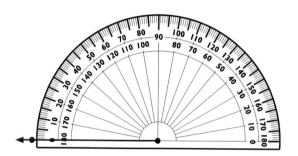

**Une el extremo marcado de cada semirrecta a uno de los puntos
para formar un ángulo del valor dado. Luego, rotula el ángulo.**

Ejemplo

Medida del ∠p = 105°

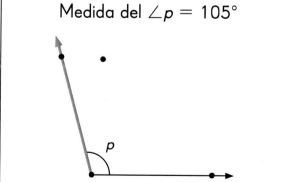

5.   Medida del ∠h = 32°

Une el extremo marcado de cada semirrecta a uno de los puntos para formar un ángulo del valor dado. Luego, rotula el ángulo.

6. Medida del $\angle m = 70°$

7. Medida del $\angle w = 10°$

Usando el punto de vértice _A_, traza $\angle CAB$ como se describe.

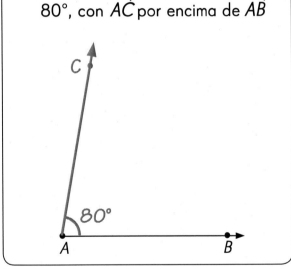

Ejemplo
80°, con $\overrightarrow{AC}$ por encima de $\overrightarrow{AB}$

8. 80°, con $\overrightarrow{AC}$ por debajo de $\overrightarrow{AB}$

9. 130°, con $\overrightarrow{AC}$ por encima de $\overrightarrow{AB}$

10. 130°, con $\overrightarrow{AC}$ por debajo de $\overrightarrow{AB}$

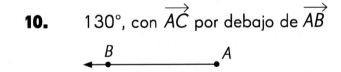

Usa la semirrecta **CD** como semirrecta de un ángulo. Traza un ángulo de cada medida que se indica. Luego, determina si es un *ángulo agudo*, un *ángulo obtuso* o un *ángulo llano*.

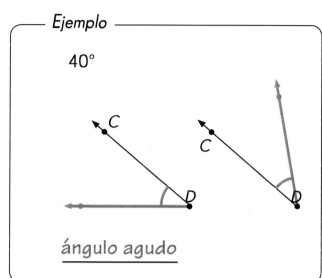

Ejemplo

40°

ángulo agudo

11. 160°

_____

12. 180°

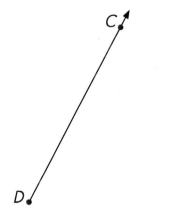

_____

13. 155°

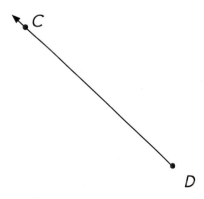

_____

Traza un ángulo de cada medida que se indica.

14.   35°

15.   125°

Mide los ángulos de los triángulos y vuelve a trazarlos en los recuadros.

16. a.

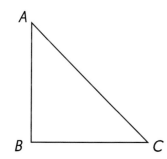

∠ABC = _____

∠BAC = _____

∠ACB = _____

b.

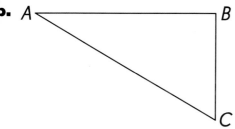

∠ABC = _____

∠BAC = _____

∠ACB = _____

c.

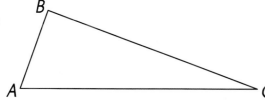

∠ABC = _____

∠BAC = _____

∠ACB = _____

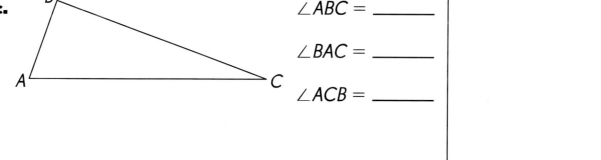

Nombre: _____ **Fecha:** _____

Práctica 3   Giros y ángulos rectos

Halla la medida de cada ángulo.

1.

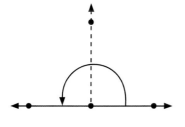

$\frac{1}{2}$ giro equivale a _____.

2.

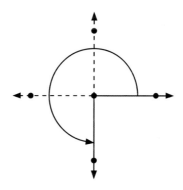

$\frac{3}{4}$ de giro equivale a _____.

Completa los espacios en blanco.

3.

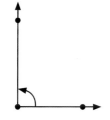

_____ de giro equivale a 90°.

4.

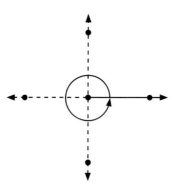

Un giro _____ equivale a 360°.

Observa los tres pares de tiras de papel en forma de ángulo.

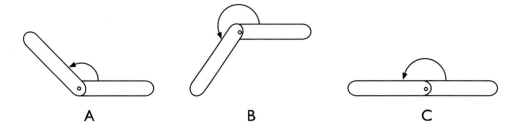

A   B   C

¿Qué par de tiras de papel muestra:

5. $\frac{1}{2}$ giro? _____   **6.**   un ángulo llano? _____

7.   una rotación entre $\frac{1}{2}$ giro y $\frac{3}{4}$ de giro? _____

Observa los tres pares de tiras de papel en forma de ángulo.

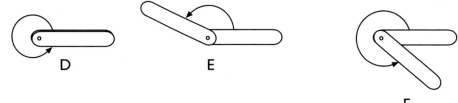

D   E   F

¿Qué par de tiras de papel muestra:

8.   360°? _____

9.   un ángulo entre 180° y 360°? _____

Completa.

10.   180° equivalen a ⬜ giro completo.

11.   Tres ángulos rectos equivalen a ⬜ de giro.

12.   La marca de 105° está entre ⬜ de giro y ⬜ giro.

13.   Usa un transportador para medir ∠*XOY*.

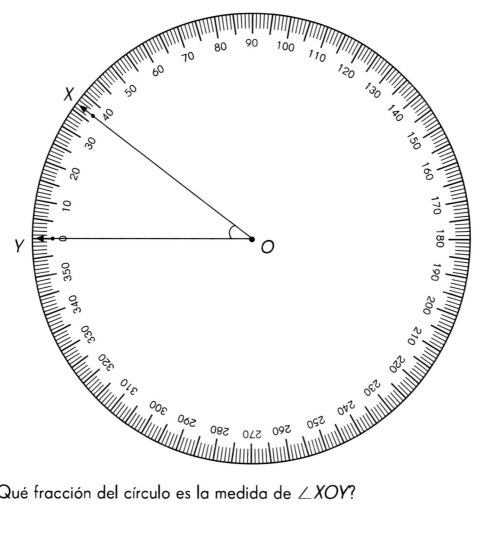

14.   ¿Qué fracción del círculo es la medida de ∠*XOY*?

Halla la medida de ∠STU.

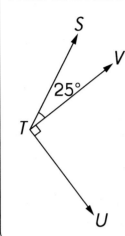

$$m\angle STU = m\angle STV + m\angle VTU$$
$$= 25° + 90°$$
$$= 115°$$

15. Halla la medida de ∠ABC.

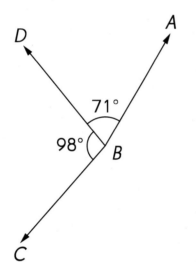

16. Halla la medida de ∠XYZ.

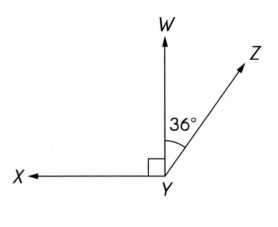

17. La medida inicial al abrir la computadora portátil era ∠AOB. Luego se aumentó la medida en 80°. Halla la medida de ∠COB.

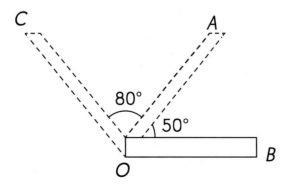

─── *Ejemplo* ───

La medida de $\angle EFG$ es 65°.
DFG es una línea recta. Halla $\angle x$.

$$m\angle x = m\angle DFG - m\angle EFG$$
$$= 180° - 65°$$
$$= 115°$$

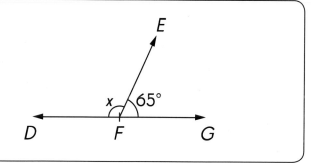

18. Halla la medida de $\angle y$.

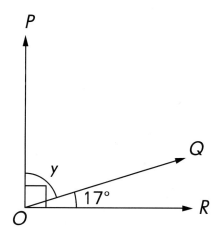

19. La medida de $\angle KLM$ es 152°.
Halla la medida de $\angle a$.

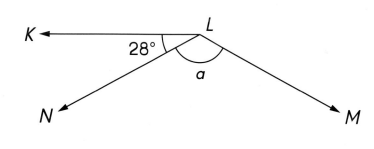

20. En el reloj se muestran las manecillas del reloj a una hora dada. Halla la medida de $\angle z$, si la medida de $\angle MOP$ es 135°.

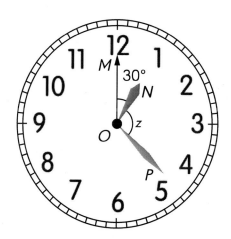

Diario de matemáticas

1. ¿Cuáles enunciados son incorrectos? Explica tu respuesta.

a. Dos ángulos rectos forman $\frac{1}{2}$ giro.

b. La medida de un ángulo es una fracción de $\frac{3}{4}$ de giro.

c. Un ángulo agudo mide más de 90°.

d. $\frac{1}{4}$ de giro equivale a 90°.

e. Un ángulo llano mide 180°.

f. La marca de 150° está entre $\frac{1}{4}$ de giro y $\frac{1}{2}$ giro.

g. Un ángulo de 120° es $\frac{1}{3}$ de un giro completo.

Completa.

2. Conrado nombró el ángulo como se muestra. ¿Lo hizo correctamente?
Explica tu respuesta.

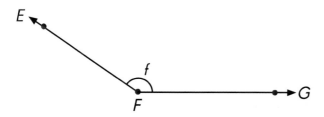

Los nombres del ángulo son $\angle EFG$, $\angle FGE$ y $\angle F$.

¡Ponte la gorra de pensar!

Práctica avanzada

Observa el reloj. El horario y el minutero están en la posición que muestra la figura A. La figura B muestra la posición del horario y el minutero después de transcurrir un tiempo.

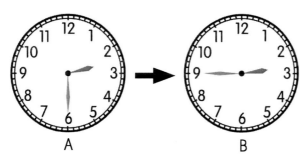

A   B

¿Qué fracción de giro recorrió el minutero?
Explica tu respuesta.

¡Ponte la gorra de pensar!

Resolución de problemas

Observa el diagrama.

Tomás camina desde J hasta K y en ese punto da $\frac{1}{4}$ de giro a su derecha.

Luego, camina hasta H y en ese punto da $\frac{1}{2}$ giro y sigue hasta el final de esa recta.

¿Dónde se encuentra?

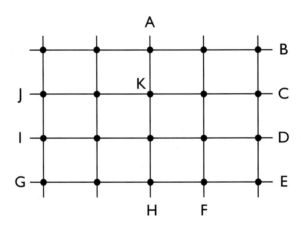

Segmentos paralelos y perpendiculares

Práctica 1   Trazar segmentos perpendiculares

Usa un transportador para trazar segmentos perpendiculares.

┌─ *Ejemplo* ───┐

Traza un segmento perpendicular a $\overline{RS}$ que pase por el punto T.

└──┘

1.   Traza un segmento perpendicular a $\overline{PQ}$.

P •————————————————————————• Q

2.   Traza un segmento perpendicular a $\overline{TU}$ que pase por el punto X.

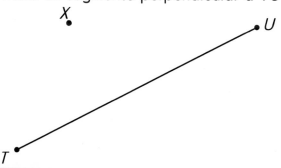

Usa una escuadra para trazar segmentos perpendiculares.

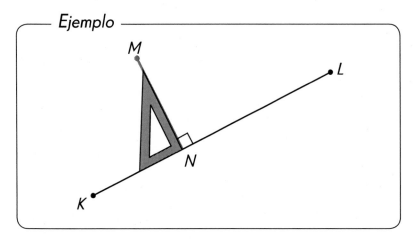

Ejemplo

3. Traza un segmento perpendicular a $\overline{EF}$.

4. Traza un segmento perpendicular a $\overline{CD}$.

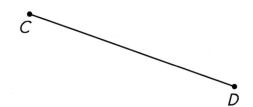

5. Traza un segmento perpendicular a $\overline{VW}$ que pase por el punto P. Luego, traza otro segmento perpendicular a $\overline{VW}$ que pase por el punto Q.

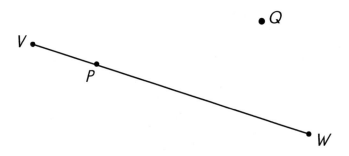

Práctica 2 Trazar segmentos paralelos

Usa una escuadra y una regla para trazar segmentos paralelos.

Ejemplo

Traza un segmento paralelo a $\overline{AB}$.

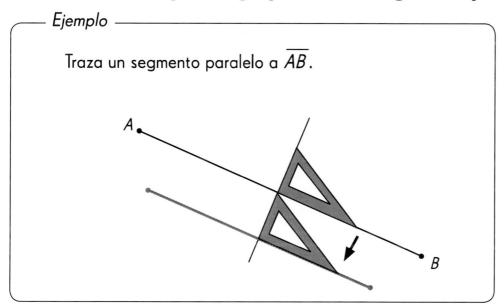

1.   Traza un par de segmentos paralelos.

Usa una escuadra y una regla para trazar segmentos paralelos.

2. Traza un segmento paralelo a $\overline{CD}$ que pase por el punto M.

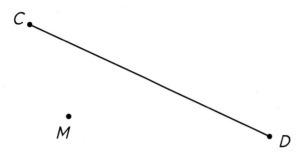

3. Traza un segmento paralelo a $\overline{EF}$ que pase por el punto T.
Luego, traza otro segmento paralelo a $\overline{EF}$ que pase por el punto S.

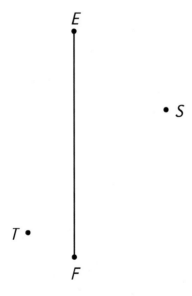

Práctica 3   Líneas horizontales y verticales

Responde las preguntas.

1. $\overline{AB}$ es perpendicular a $\overline{BC}$.

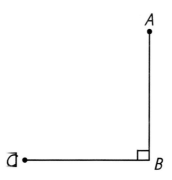

Si $\overline{AB}$ es un segmento vertical, ¿qué sabes acerca de $\overline{BC}$?

_____

2.   **a.** $\overline{DE}$ es un segmento vertical. Traza un segmento horizontal
que pase por el punto D y rotúlalo $\overline{DF}$.

b.   ¿Qué sabes acerca del ángulo formado por $\overline{DE}$ y $\overline{DF}$?

_____

Completa.

3. **a.** $\overline{MN}$ es un segmento horizontal. Traza un segmento vertical desde el punto O hasta $\overline{MN}$ y rotula el punto en $\overline{MN}$ como P.

b. ¿Qué sabes acerca de $\overline{MN}$ y $\overline{OP}$?

_____

c. ¿Cuántos ángulos rectos forman $\overline{MN}$ y $\overline{OP}$?

_____

4. **a.** $\overline{PQ}$ es un segmento horizontal.
Traza un segmento vertical en el punto P.
Nómbralo $\overline{PR}$. Luego, traza un segmento vertical en el punto Q.
Nómbralo $\overline{QS}$.

b. ¿Qué sabes acerca de $\overline{PR}$ y $\overline{QS}$? Compruébalo con una escuadra y una regla.

_____

Completa.

5.   **a.** $\overline{AB}$ es un segmento horizontal y $\overline{CD}$ es un segmento vertical.

En el punto D, traza un segmento paralelo a $\overline{AB}$. Nómbralo $\overline{DE}$.

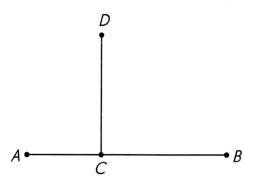

b.   ¿Qué sabes acerca de $\overline{CD}$ y $\overline{DE}$?

_____

Compruébalo con una escuadra.

Completa.

6.   *ABCD* es una pizarra fijada a la pared.

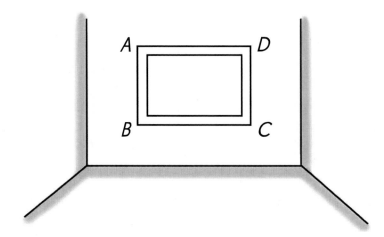

Nombra los segmentos verticales y horizontales que hay en la pizarra.

Segmentos verticales: _____

Segmentos horizontales: _____

© Marshall Cavendish Education Pte Ltd

¡Ponte la gorra de pensar!

Práctica avanzada

Usa un transportador, una escuadra y una regla para nombrar tres pares de segmentos de la figura que sean

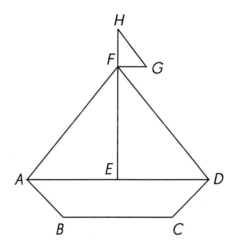

1. perpendiculares. _____

_____

2. paralelos. _____

_____

Resuelve.

PQ es un poste de luz que se alza vertical desde el suelo.
$\overline{RS}$ y $\overline{UT}$ son segmentos horizontales que están en el suelo y pasan por el punto Q.
$\overline{QT}$ es perpendicular a $\overline{QS}$.

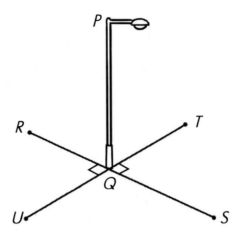

3. Identifica otros dos pares de segmentos que sean perpendiculares.

_____

_____

4. ¿Cuántos ángulos rectos se forman en el punto Q? _____

¡Ponte la gorra de pensar!

Resolución de problemas

El diagrama muestra una calle con aceras paralelas, $\overline{JK}$ y $\overline{LM}$.

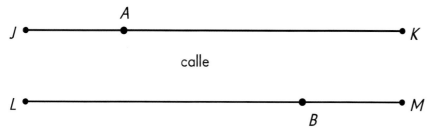

1. Dani está parado en el punto *A* y Alicia está parada en el punto *B*. Quieren cruzar la calle. Usa una escuadra para trazar la ruta más corta que cada uno puede tomar, y marca todos los ángulos rectos así: ⌐. Mide la distancia de cada ruta.

2. ¿Qué sabes acerca de la distancia que hay entre los segmentos paralelos?

Los segmentos paralelos siempre están _____ distancia el uno del otro.

Resuelve.

Se coloca el cubo sobre una superficie plana.

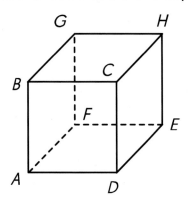

3.   ¿Cuántos segmentos verticales hay? _____

4.   ¿Cuántos segmentos horizontales hay? _____

5.   ¿Cuántos ángulos rectos hay? _____

Cuadrados y rectángulos

Práctica 1   Cuadrados y rectángulos

Completa los espacios en blanco con *sí* o *no*.

— Ejemplo —

Este es un cuadrado? ___*sí*___

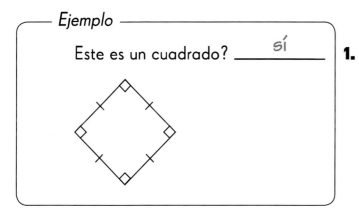

1. Este es un rectángulo? _____

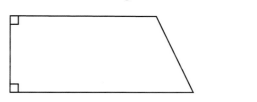

2. Este es un cuadrado? _____

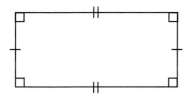

3. Este es un rectángulo? _____

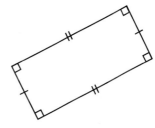

4. Este es un cuadrado? _____

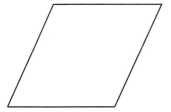

5. Este es un rectángulo? _____

Completa los espacios en blanco.

Ejemplo

Este es un cuadrado? _____sí_____

Por qué sí o por qué no? _Todos los lados tienen la misma_

longitud y tiene cuatro ángulos

rectos.

6.

Este es un rectángulo? _____

Por qué sí o por qué no? _____

_____

_____

7.

Este es un rectángulo? _____

Por qué sí o por qué no? _____

_____

_____

8.

Este es un cuadrado? _____

Por qué sí o por qué no? _____

_____

_____

Nombre: _____ Fecha: _____

Halla las longitudes de los lados desconocidos.

Ejemplo

ABCD es un cuadrado.

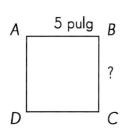

BC = ___5___ pulg

9. EFGH es un rectángulo.

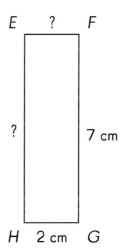

EF = _____ cm

EH = _____ cm

10. PQRS es un cuadrado.

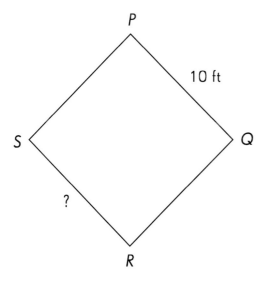

SR = _____ ft

11. ABCD es un rectángulo.
El largo es el doble del ancho.

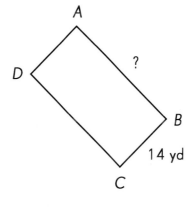

AB = _____ yd

Traza segmentos para dividir cada figura en dos rectángulos.

Ejemplo

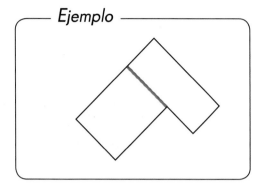

12.

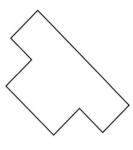

13.

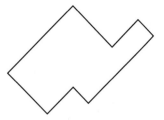

14.

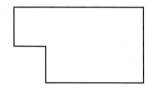

Traza un segmento para dividir cada figura en un cuadrado y un rectángulo.

15.

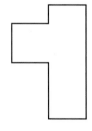

16.

17.

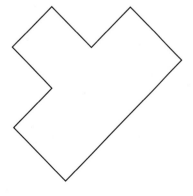

18.

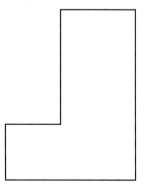

Práctica 2   Propiedades de los cuadrados y los rectángulos

Todas las figuras son rectángulos. Halla las medidas de los ángulos desconocidos.

Ejemplo

Halla la medida del ∠a.

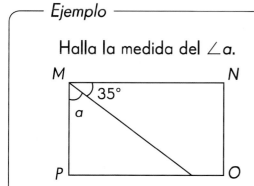

La medida del ∠a = 90° − 35°
= 55°

1.   Halla la medida del ∠b.

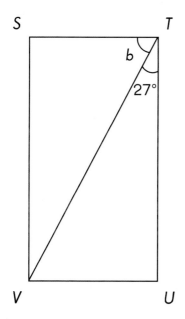

2.   Halla la medida del ∠c.

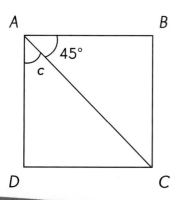

Todas las figuras son rectángulos. Halla las medidas de los ángulos desconocidos.

3. Halla la medida del ∠p.

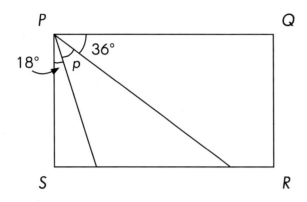

4. Halla la medida del ∠m.

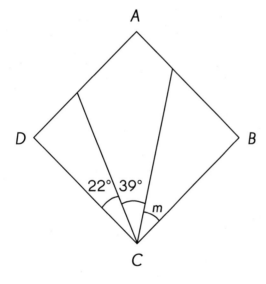

Esta figura es un rectángulo. Halla la medida del ángulo desconocido.

5. Halla la medida del ∠s.

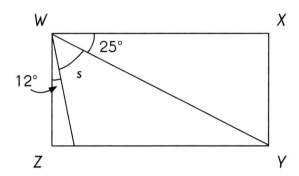

Halla las longitudes de los lados desconocidos.

6. La figura está formada por un rectángulo y un cuadrado. Halla *BC* y *GE*.

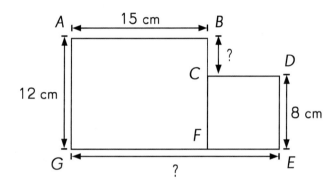

Halla las longitudes de los lados desconocidos.

7. Esta figura está formada por dos rectángulos. Halla *BD* y *FG*.

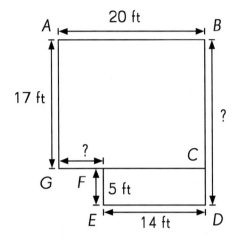

8. Esta figura está formada por dos rectángulos. Halla *QR* y *RT*.

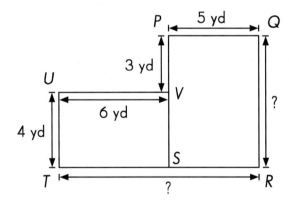

Halla las longitudes de los lados desconocidos.

9.   Esta figura está formada por dos rectángulos. Halla *FG*.

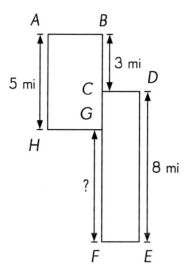

10.   Esta figura está formada por un cuadrado y un rectángulo. Halla *BC*.

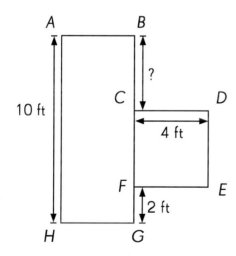

Cuando se divide un rectángulo en dos, se obtienen dos triángulos rectángulos.

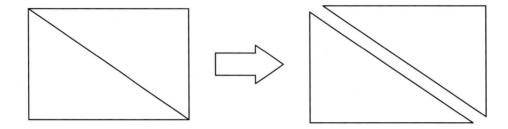

De la misma manera, se puede dividir un cuadrado en dos triángulos rectángulos.

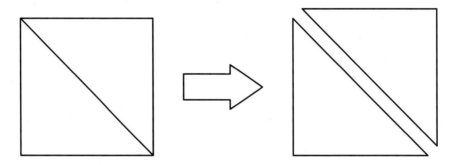

11. ¿Cuáles de estos triángulos rectángulos forman un rectángulo y cuáles forman un cuadrado?

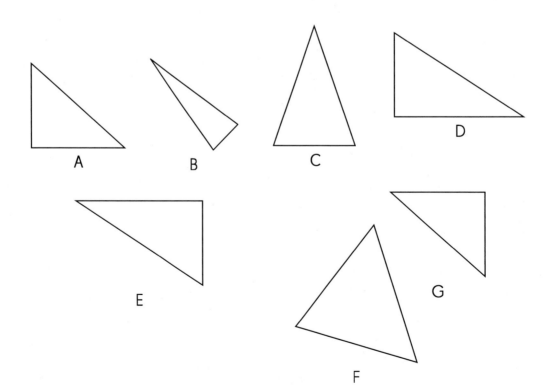

Diario de matemáticas

Figura *ABCD* es a rectángulo.
Completa cada enunciado. Usa las palabras del recuadro.

opuestos	paralelos	de igual longitud
rectos	lados	cuatro

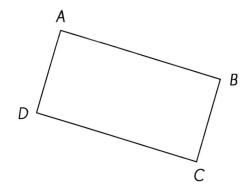

1. Un rectángulo tiene _____ _____.

2. Los lados _____ son _____.

3. Los lados _____ son _____.

4. Tienen _____ ángulos _____.

 **¡Ponte la gorra de pensar!**

Práctica avanzada

1. Esta figura está formada por dos cuadrados, uno con lados de 10 pulgadas y otro con lados de 6 pulgadas. Halla *QR*.

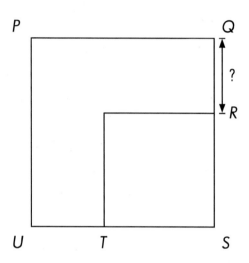

$QR =$ _____ pulg

2. Esta figura está formada por tres cuadrados iguales, con lados de 3 pulgadas. Halla la longitud total de $\overline{BC}$ y $\overline{FG}$.

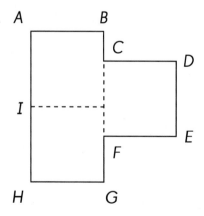

$BC + FG =$ _____ pulg

 ¡Ponte la gorra de pensar!

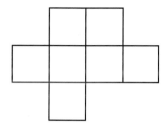 **Resolución de problemas**

1. Observa la figura. ¿Cuál es el menor número de cuadrados que se debe añadir para formar un rectángulo?

2. Dibuja segmentos para dividir la figura en tres rectángulos de tres formas diferentes.

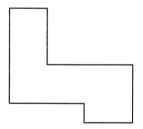

primera forma

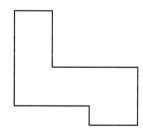

segunda forma

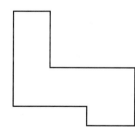

tercera forma

3. Recorta los rectángulos y cuadrados sombreados. Organízalos para que quepan dentro del rectángulo A sin superponerse. Luego, fíjalos con cinta adhesiva.

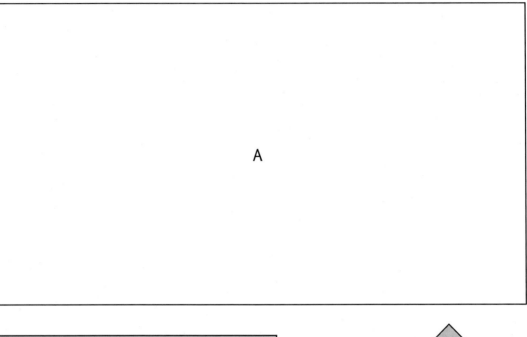

A

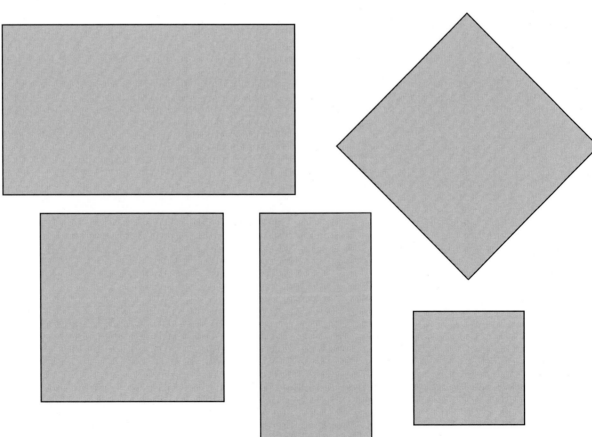

Repaso acumulativo

de los Capítulos 9 a 11

Conceptos y destrezas

Nombra de otra manera los ángulos que se dan. *(Lección 9.1)*

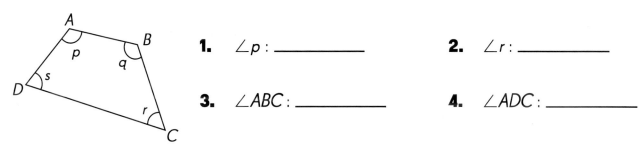

1. ∠p : _____

2. ∠r : _____

3. ∠ABC : _____

4. ∠ADC : _____

Estima y determina cuáles de las medidas de los ángulos anteriores son *(Lección 9.1)*

5. ángulos agudos.

_____

_____

6. ángulos obtusos.

_____

_____

Estima la medida de cada ángulo. Luego, mide cada ángulo para comprobar tu respuesta. *(Lección 9.1)*

7.

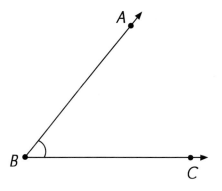

Medida del ∠ABC = _____

8.

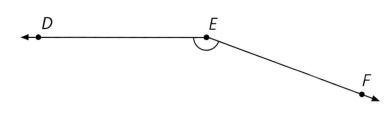

Medida del ∠DEF = _____

Estima la medida de cada ángulo. Luego, mide cada ángulo para comprobar tu respuesta. *(Lección 9.1)*

9.

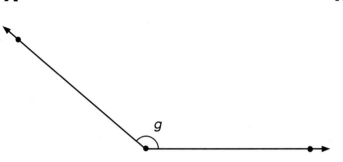

10.

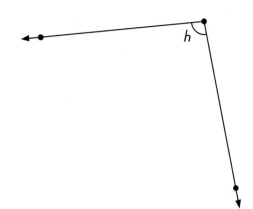

Medida del ∠g _____

Medida del ∠h _____

Nombra y mide cada ángulo marcado en la figura. *(Lección 9.2)*

11.

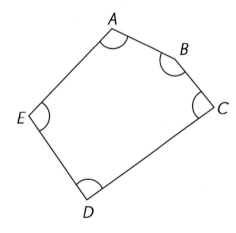

Ejemplo

Medida del ___∠BAE = 110°___

Medida del _____

Medida del _____

Medida del _____

Medida del _____

Usa el punto *A* como vértice y traza el ∠ *CAB* como se describe. *(Lección 9.2)*

12. 75°, con $\overrightarrow{AC}$ sobre $\overrightarrow{AB}$

13. 42°, con $\overrightarrow{AC}$ debajo de $\overrightarrow{AB}$

B   A

A   B

Completa los espacios en blanco. *(Lección 9.3)*

14. $\frac{3}{4}$ de un giro completo es _____. **15.** Dos ángulos rectos equivalen a _____ giro completo.

16. 360° es _____ giro completo o _____ ángulos rectos.

17. ¿Qué fracción de un giro completo equivale a un ángulo recto? ☐

18. $m \angle AOC$ es _____.

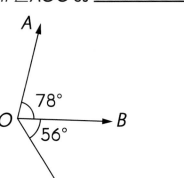

19. La medida de $\angle BAD$ es 125°. $m \angle y$ es _____.

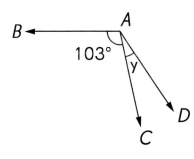

Traza. $\overleftrightarrow{AB}$ es una línea vertical. *(Lecciones 10.1 a 10.3)*

20. Traza una línea horizontal a través del punto B y rotúlala $\overleftrightarrow{BC}$.

21. Traza una línea vertical a través del punto C y rotúlala $\overleftrightarrow{CD}$.

22. ¿Qué puedes decir sobre la relación entre $\overleftrightarrow{AB}$ y $\overleftrightarrow{BC}$?

_____

23. ¿Qué puedes decir sobre la relación entre $\overleftrightarrow{AB}$ y $\overleftrightarrow{CD}$?

_____

Usa una escuadra y una regla. *(Lecciones 10.1 and 10.2)*

24. Traza un segmento paralelo a $\overline{PQ}$ a través del punto *R*.

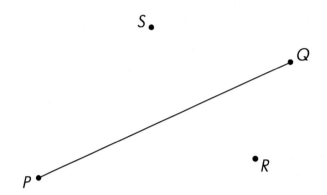

25. Traza un segmento perpendicular a $\overline{PQ}$ a través del punto *S*.

Completa los espacios en blanco. *(Lección 11.1)*

26. *ABCD* es un cuadrado.

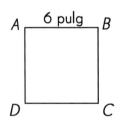

$BC =$ _____ pulg

$CD =$ _____ pulg

27. *PQRS* es un rectángulo.

$\overline{SR}$ es 3 veces tan largo como $\overline{PS}$.

$SR =$ _____ ft

$PQ =$ _____ ft

Halla las medidas desconocidas de los ángulos de los cuadrados y los rectángulos.

(Lección 11.2)

28. STUV es un cuadrado.

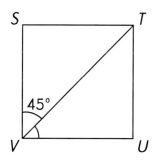

Medida de ∠TVU = _____

29. ABCD es un rectángulo.

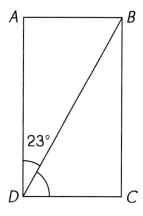

Medida de ∠BDC = _____

30. MNOP es un rectángulo.

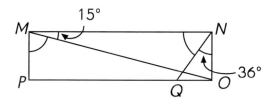

Medida del ∠MNQ = _____

Medida del ∠OMP = _____

31. PQRS es un cuadrado.

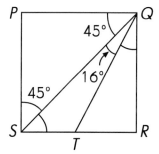

Medida del ∠QSR = _____

Medida del ∠RQT = _____

Resuelve. Todos los lados de las figuras se unen formando ángulos rectos. Halla las longitudes desconocidas de los lados de cada figura. *(Lección 11.2)*

32.

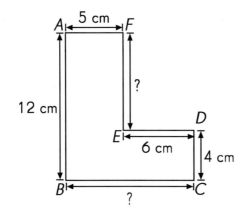

$EF = $ _____ cm

$BC = $ _____ cm

33.

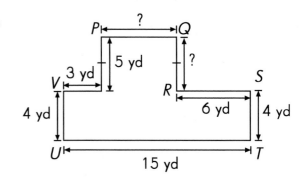

$QR = $ _____ yd

$PQ = $ _____ yd

34.

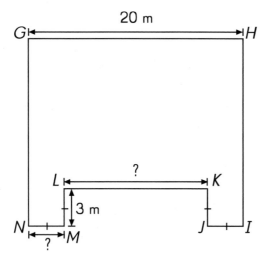

$NM = $ _____ m

$LK = $ _____ m

35.

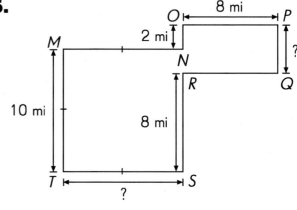

$PQ = $ _____ mi

$TS = $ _____ mi

Conversión de mediciones

Práctica 1 Longitud

Completa.

Ejemplo

6 m 55 cm

$\boxed{6}$ m = _____600_____ cm

$\boxed{55}$ cm

6 m 55 cm = _____600_____ cm + _____55_____ cm

= _____655_____ cm

1.

7 m 70 cm

$\boxed{}$ m = _____ cm

$\boxed{}$ cm

7 m 70 cm = _____ cm + _____ cm

= _____ cm

2.

8 m 1 cm

$\boxed{}$ m = _____ cm

$\boxed{}$ cm

8 m 1 cm = _____ cm + _____ cm

= _____ cm

Escribe en centímetros.

3.   6 m 96 cm = _____ cm + _____ cm = _____ cm

4.   8 m 90 cm = _____ cm + _____ cm = _____ cm

5.   9 m 20 cm = _____ cm + _____ cm = _____ cm

6.   9 m 2 cm = _____ cm + _____ cm = _____ cm

Completa.

Ejemplo

212 cm

┌─────────┐
│   200   │ cm = _____2_____ m
└─────────┘

┌─────────┐
│   12   │ cm
└─────────┘

212 cm = _____2_____ m _____12_____ cm

7.

428 cm

┌─────────┐
│   │ cm = _____ m
└─────────┘

┌─────────┐
│   │ cm
└─────────┘

428 cm = _____ m _____ cm

8.

903 cm

┌─────────┐
│   │ cm = _____ m
└─────────┘

┌─────────┐
│   │ cm
└─────────┘

903 cm = _____ m _____ cm

Escribe en metros y centímetros.

9.   123 cm = _____ cm + _____ cm = _____ m _____ cm

10.   390 cm = _____ cm + _____ cm = _____ m _____ cm

11.   365 cm = _____ cm + _____ cm = _____ m _____ cm

12.   909 cm = _____ cm + _____ cm = _____ m _____ cm

Completa los espacios en blanco.
Colorea el cartel que tiene la medida más grande.

Ejemplo

550 cm = 500 cm + 50 cm = 5 m 50 cm

13.   2 m 40 cm = _____ cm + _____ cm = _____ cm

14.   4 m 60 cm = _____ cm + _____ cm = _____ cm

15.   101 cm = _____ cm + _____ cm

           = _____ m _____ cm

Colorea los recuadros que tienen las mismas medidas.

16.
| 5 m 5 cm | 55 cm | 550 cm | 505 cm |

17.
| 9 m 9 cm | 990 cm | 909 cm | 9 cm + 900 cm |

18.
| 100 cm + 30 cm | 130 cm | 1 m 3 cm | 1 m 30 cm |

19.
| 300 cm + 67 cm | 3 m 67 cm | 367 cm | 67 cm + 300 m |

Completa.

Ejemplo

7 km 111 m

$$\boxed{7}\ \text{km} = \underline{\quad 7,000 \quad}\ \text{m}$$

$$\boxed{111}\ \text{m}$$

$$7\ \text{km}\ 111\ \text{m} = \underline{\quad 7,000 \quad}\ \text{m} + \underline{\quad 111 \quad}\ \text{m}$$

$$= \underline{\quad 7,111 \quad}\ \text{m}$$

20.

5 km 26 m

$$\boxed{}\ \text{km} = \underline{\hspace{2cm}}\ \text{m}$$

$$\boxed{}\ \text{m}$$

$$5\ \text{km}\ 26\ \text{m} = \underline{\hspace{2cm}}\ \text{m} + \underline{\hspace{2cm}}\ \text{m}$$

$$= \underline{\hspace{2cm}}\ \text{m}$$

21.

8 km 8 m ⟨ [ ] km = _____ m

[ ] m

8 km 8 m = _____ m + _____ m

= _____ m

Escribe en metros.

22. 5 km 505 m = _____ m + _____ m = _____ m

23. 8 km 500 m = _____ m + _____ m = _____ m

24. 8 km 50 m = _____ m + _____ m = _____ m

25. 9 km 5 m = _____ m + _____ m = _____ m

Completa.

Ejemplo

1,735 m ⟨ [1000] m = ____1____ km

[735] m

1,735 m = ____1____ km + ___735___ m

26.

3,056 m ⟨ [ ] m = _____ km

[ ] m

3,056 m = _____ km _____ m

27.

6,009 m

```
┌─────────┐
│         │ m = _____ km
└─────────┘
┌─────────┐
│         │ m
└─────────┘
```

6,009 m = _____ km _____ m

Escribe en kilómetros y metros.

28. 2,050 m = _____ m + _____ m = _____ km _____ m

29. 7,900 m = _____ m + _____ m = _____ km _____ m

30. 9,090 m = _____ m + _____ m = _____ km _____ m

31. 9,009 m = _____ m + _____ m = _____ km _____ m

Completa los espacios en blanco.

32. La longitud de una grapadora es aproximadamente 3 _____ .

33. Un arbusto mide aproximadamente 4 _____ de altura.

34. Un carro demoró 3 horas en recorrer 100 _____.

Completa.

Jacob está en un parque de diversiones. Quiere visitar los cuatro parques temáticos.
Halla la longitud de cada camino que quiere seguir.

35.   Super Tierra está a _____ yardas de la Tierra de las fantasías.

36.   Desde la _____ hasta la Tierra de la magia, Jacob tiene que
recorrer la mayor distancia entre tierras.

37.   La Tierra de la magia está a _____ millas _____ yardas de la Tierra
de los misterios.

38.   Tierra de los misterios está a _____ millas _____ yardas de la
entrada.

a. Convierte pies a pulgadas.

3 pies = ___*36*___ pulgadas

1 pie → 12 pulgadas

3 × 1 pie → 3 × 12 pulgadas

→ 36 pulgadas

b. Convierte yardas a pies.

8 yardas = ___*24*___ pies

1 yarda → 3 pies

8 × 1 yarda → 8 × 3 pies

→ 24 pies

c. Convierte millas a yardas.

5 millas = ___*8,800*___ yardas

1 milla → 1,760 yardas

5 × 1 milla → 5 × 1,760 yardas

→ 8,800 yardas

d. Convierte millas a pies.

4 millas = ___*21,120*___ pies

1 milla → 5,280 pies

4 × 1 milla → 4 × 5,280 pies

→ 21,120 pies

Convierte unidades más grandes a unidades más pequeñas.

39. $\dfrac{1}{2}$ ft = _____ pulg.

40. $\dfrac{2}{3}$ ft = _____ pulg.

41. $\dfrac{1}{6}$ ft = _____ pulg.

42. $\dfrac{2}{5}$ ft = _____ pulg.

43. $\dfrac{1}{4}$ ft = _____ pulg.

44. $\dfrac{1}{3}$ yd = _____ ft

45. $\dfrac{1}{2}$ yd = _____ ft

46. $\dfrac{2}{3}$ yd = _____ ft

47. 2 yd = _____ ft

48. $\dfrac{1}{2}$ mi = _____ ft

49. $\dfrac{3}{4}$ mi = _____ ft

50. $\dfrac{3}{8}$ mi = _____ ft

51. $\dfrac{7}{8}$ mi = _____ ft

52. $\dfrac{3}{5}$ mi = _____ yd

53. $\dfrac{7}{8}$ mi = _____ yd

54. $\dfrac{1}{4}$ mi = _____ yd

55. 4 mi = _____ yd

Ejemplo

a. 21 pulgadas = _____1_____ pie _____9_____ pulgadas

12 pulgadas → 1 pie

21 ÷ 12 = 1 R 9

21 pulgadas → 1 pie 9 pulgadas

b. 17 pies = _____5_____ yardas _____2_____ pies

3 pies → 1 yarda

17 ÷ 3 = 5 R 2

15 pies → 5 yarda 2 pies

c. 8,000 pies = _____1_____ milla ____2,720____ pies

5,280 pies → 1 milla

8,000 − 5,280 = 2,720

8,000 pies → 1 milla 2,720 pies

d. 3,500 yardas = _____1_____ milla ____1,740____ yardas

1,760 yardas → 1 milla

3,500 − 1,760 = 1,740

3,500 → 1 milla 1,740 yardas

Convierte.

56. 40 pulgadas = _____ pies _____ pulgadas

57. 35 pulgadas = _____ pies _____ pulgadas

58. 18 pulgadas = _____ pies _____ pulgadas

59. 20 pies = _____ yardas _____ pies

60. 36 pies = _____ yardas _____ pies

61. 53 pies = _____ yardas _____ pies

62. 6,000 pies = _____ millas _____ pies

63. 15,860 pies = _____ millas _____ pies

64. 3,600 yardas = _____ millas _____ yardas

65. 8,810 yardas = _____ millas _____ yardas

Práctica 2   Medición: Masa, peso y volumen

Lee las balanzas mecánicas. Escribe la masa en gramos (g) o kilogramos (kg).

1.

_____ kg

2.

_____ g

3.

_____ kg _____ g

4.

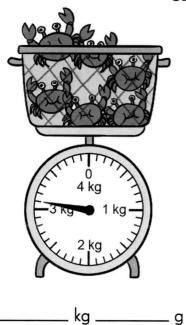

_____ kg _____ g

5.

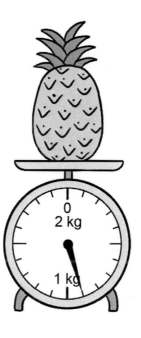

_____ g

6.

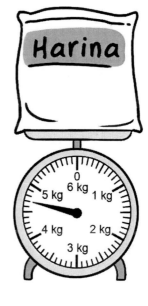

_____ kg _____ g

Completa.

7.

8 kg 689 g ⟨

◻ kg = _____ g

◻ g

8 kg 689 g = _____ g + _____ g

= _____ g

8.

6 kg 10 g ⟨

◻ kg = _____ g

◻ g

6 kg 10 g = _____ g + _____ g

= _____ g

Escribe en gramos.

9. 4 kg 740 g = _____ g + _____ g = _____ g

10. 5 kg 123 g = _____ g + _____ g = _____ g

11. 3 kg 40 g = _____ g + _____ g = _____ g

12. 6 kg 8 g = _____ g + _____ g = _____ g

Completa.

13.

4,900 g ⟨

◻ kg = _____ kg

◻ g

4,900 g = _____ kg _____ g

14.

5,025 g ⟨ [   ] g = _____ kg

[   ] g

5,025 g = _____ kg _____ g

Escribe en kilogramos y gramos.

15. 1,890 g = _____ g + _____ g = _____ kg _____ g

16. 6,600 g = _____ g + _____ g = _____ kg _____ g

17. 3,015 g = _____ g + _____ g = _____ kg _____ g

18. 4,008 g = _____ g + _____ g = _____ kg _____ g

Elige la unidad que usarías para medir cada objeto.
Escribe *kilogramos* o *gramos*.

19. 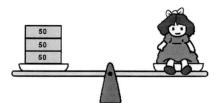 La masa de la muñeca es aproximadamente

150 _____.

20.  La masa de 10 libros de matemáticas es

aproximadamente 4 _____.

Convierte unidades más grandes a unidades más pequeñas.

Ejemplo

Convierte libras a onzas.

$5\dfrac{5}{8}$ lb = _____ 90 _____ oz

$5\dfrac{5}{8} = \dfrac{45}{8}$

1 lb → 16 oz

$5\dfrac{5}{8}$ lb → $\dfrac{45}{8} \times 16$

$= 90$ oz

Convierte toneladas a libras.

$1\dfrac{9}{10}$ tons = _____ 3,800 _____ lb

$1\dfrac{9}{10} = \dfrac{19}{10}$

1 ton → 2,000 lb

$1\dfrac{9}{10}$ tons → $\dfrac{19}{10} \times 2,000 = 3,800$ lb

---

Convierte.

21. Elige cualesquiera dos de las siguientes y conviértelas a onzas.

$34\dfrac{1}{2}$ libras	$3\dfrac{3}{8}$ libras	$6\dfrac{3}{4}$ libras
_____ onzas	_____ onzas	_____ onzas

22.   Elige cualesquiera dos de las siguientes y conviértelas a libras.

$\frac{7}{10}$ toneladas	15 toneladas	$\frac{1}{4}$ toneladas
_____ libras	_____ libras	_____ libras

Convierte unidades más grandes a unidades más pequeñas.

23.   6 lb = _____ oz

24.   2 lb = _____ oz

25.   13 lb = _____ oz

26.   25 lb = _____ oz

27. $\frac{5}{8}$ lb = _____ oz

28. $\frac{1}{2}$ lb = _____ oz

29. $\frac{1}{4}$ lb = _____ oz

30. $\frac{1}{5}$ tonelada = _____ lb

31. $\frac{9}{10}$ tonelada = _____ lb

32. $\frac{3}{8}$ tonelada = _____ lb

33.   3 toneladas = _____ lb

34.   4 toneladas = _____ lb

35.   5 toneladas = _____ lb

36.   7 toneladas = _____ lb

Convierte.

Ejemplo
---

a. 50 onzas = _____3_____ libras _____2_____ onzas

16 oz → 1 lb

50 − 16 = 34

34 − 16 = 18

18 − 16 = 2

50 onzas → 3 libras 2 onzas

b. 3,500 libras = _____1_____ tonelada _____1,500_____ libras

2,000 lb → 1 tonelada

3,500 − 2,000 = 1,500

3,500 libras → 1 tonelada 1,500 libras

---

37. Elige cualesquiera dos de las siguientes y convierte.

19 onzas	81 onzas	200 onzas
____ libra ____ onzas	____ libras ____ onza	____ libras ____ onzas

38. Elige cualesquiera dos de las siguientes y convierte.

7,210 libras	9,320 libras	15,860 libras
____ toneladas ____ libras	____ toneladas ____ libras	____ toneladas ____ libras

Empareja.

39.

323 oz •

•

20 lb 12 oz

40.

332 oz •

•

18 lb 14 oz

41.

320 oz •

•

19 lb 8 oz

42.

302 oz •

•

20 lb

43.

312 oz •

•

20 lb 3 oz

Halla el volumen de agua en cada taza de medir.

44.

2 ct

1 ct

_____ ct

45.

4 oz

2 oz

_____ oz

46.

10 pt

5 pt

_____ pt

Se vierte agua de cada recipiente en cada taza de medir.
Halla el volumen de agua en los recipientes.

47.

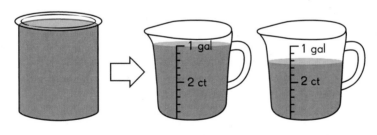

1 gal

2 ct

1 gal

2 ct

_____ gal _____ ct

48.

1 c

0.5 c

1 c

0.5 c

5 oz

2.5 oz

_____ c _____ oz

Convertir unidades más grandes a unidades más pequeñas.

___ Ejemplo ___

a. $\dfrac{3}{4}$ galones = ____3____ cuartos

1 galone → 4 cuartos

$\dfrac{3}{4}$ × 4 → 3 cuartos

b. 2 cuartos = ____4____ pints

1 cuarto → 2 pintas

2 × 2 → 4 pintas

c. 5 pintas = ____10____ tazas

1 pinta → 2 tazas

5 × 2 → 10 tazas

d. $\dfrac{1}{4}$ taza = ____2____ onzas líquidas

1 taza → 8 onzas líquidas

$\dfrac{1}{4}$ × 8 = 2 onzas líquidas

Convierte y empareja.

49. 3 galones •

50. $\dfrac{3}{8}$ de taza •

51. 9 pintas •

52. $\dfrac{1}{3}$ de cuarto •

53. $\dfrac{2}{5}$ de cuarto •

• 3 onzas líquidas

• $1\dfrac{3}{5}$ de taza

• 18 tazas

• 12 cuartos

• $\dfrac{2}{3}$ de pinta

Convertir unidades más pequeñas en unidades más grandes.

Ejemplo
---

a. 15 cuarto _____3_____ galones _____3_____ cuartos

1 gal → 4 ct

15 4 3 R 3

15 cuartos → 3 galones 3 cuartos

b. 39 pinta _____19_____ cuartos _____1_____ pintas

1 ct → 2 pt

39 2 19 R 1

39 pintas → 19 cuartos 1 pinta

c. 23 tazas _____11_____ pintas _____1_____ taza

1 pt → 2 c

23 2 11 R 1

23 tazas → 11 pintas 1 taza

d. 94 pintas _____11_____ galones _____3_____ cuartos

1 ct → 2 pt

94 2 47

94 pt → 47 ct

1 gal → 4 ct

47 4 11 R 3

47 quarts → 11 galones 3 cuartos

94 pintas → 11 galones 3 cuartos

e. 57 pintas _____7_____ galones _____0_____ cuartos _____1_____ pinta

1 ct → 2 pt

57 2 28 R 1

57 pt → 28 ct 1 pt

1 gal → 4 ct

28 4 7

28 quarts → 7 galones 0 cuartos

57 pints → 7 galones 0 cuartos 1 pinta

Convierte.

54.

Ct	22	50	95
Gal y ct			

55.

Pt	19	71	153
Ct y pt			

56.

C	29	87	101
Pt y c			

57.

Pt	34	98	210
Gal y ct			

58.

Pt	17	53	115
Gal, ct y pt			

Completa.

Un maestro llenó los recipientes A y B completamente con agua.

Sin embargo, solo tenía suficiente agua para llenar $\dfrac{1}{2}$ del Recipiente C.

Halla el volumen de agua en cada recipiente y la capacidad de cada recipiente.

59.

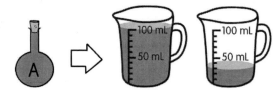

Volumen de agua en el Recipiente A = _____ mL

Capacidad del Recipiente A = _____ mL

60.

Volumen de agua en el Recipiente B = _____ mL

Capacidad del Recipiente B = _____ mL

61.

Volumen de agua en el Recipiente C = _____ L _____ mL

Capacidad del Recipiente C = _____ L _____ mL

Elige la unidad que usarías para medir cada uno.
Escribe *litros* o *mililitros*.

62.   Una lata de jugo de arándano es aproximadamente 300

_____ .

63.  El volumen de agua en un acuario es

aproximadamente 10 _____ .

Completa.

64.

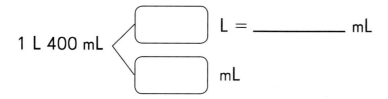

1 L 400 mL

L = _____ mL

_____ mL

1 L 400 mL = _____ mL + _____ mL

= _____ mL

65.

5 L 60 mL

L = _____ mL

_____ mL

5 L 60 mL = _____ mL + _____ mL

= _____ mL

Escribe en mililitros.

66. 2 L 450 mL = _____ mL + _____ mL = _____ mL

67. 1 L 105 mL = _____ mL + _____ mL = _____ mL

68. 2 L 45 mL = _____ mL + _____ mL = _____ mL

69. 3 L 9 mL = _____ mL + _____ mL = _____ mL

Completa.

70.

7,080 mL

[ ] mL = _____ L

[ ] mL

7,080 mL = _____ L _____ mL

71.

9,909 mL

[ ] mL = _____ L

[ ] mL

9,909 mL = _____ L _____ mL

Escribe en litros y mililitros.

72. 4,900 mL = _____ mL + _____ mL = _____ L _____ mL

73. 6,505 mL = _____ mL + _____ mL = _____ L _____ mL

74. 2,090 mL = _____ mL + _____ mL = _____ L _____ mL

75. 2,005 mL = _____ mL + _____ mL = _____ L _____ mL

Práctica 3   Medición: Tiempo

Ejemplo

Convierte minutos a segundos.

$$1 \text{ min} \rightarrow 60 \text{ s}$$

$$5 \text{ min} \rightarrow 5 \times 60 = 300 \text{ s}$$

Convierte horas a minutos.

$$2 \text{ h} = 2 \times 60 = 120 \text{ min}$$

Convierte minutos (min) a segundos (s).

1.   9 min = _____ s

2.   10 min = _____ s

3.   15 min = _____ s

4.   3 min = _____ s

5. $\frac{1}{6}$ min = _____ s

6. $\frac{1}{3}$ min = _____ s

7. $\frac{3}{5}$ min = _____ s

Convierte horas (h) a minutos.

8.   1 h = _____ min

9.   4 h = _____ min

10.   2 h = _____ min

11.   6 h = _____ min

12. $\frac{5}{6}$ h = _____ min

13. $\frac{1}{4}$ h = _____ min

14. $\frac{1}{3}$ h = _____ min

Convierte unidades más grandes a unidades más pequeñas.

Ejemplo

a. $\dfrac{2}{3}$ h = _____40_____ min

1 h → 60 min

$\dfrac{2}{3}$ h × 60 = 40 min

b. 3 min = _____180_____ s

1 min → 60 s

3 min → 180 s

---

15.   2 h =_____ min

16. $\dfrac{5}{6}$ h =_____ min

17. $\dfrac{2}{3}$ h =_____ min

18.   3 min =_____ s

19.   5 min =_____ s

20. $\dfrac{2}{5}$ min =_____ s

Convertir unidades más pequeñas a unidades más grandes.

___ Ejemplo _____

a. 305 min = _____5_____ h _____5_____ min

1 hour → 60 min

305 ÷ 60 = 5 R 5

305 min → 5 h 5 min

b. 94 s = _____1_____ min _____34_____ s

1 min → 60 s

94 ÷ 60 = 1 R 34

94 s → 1 min 34 s

c. 10,935 s = _____3_____ h _____2_____ min _____15_____ s

10,935 ÷ 60 = 182 R 15

10,935 s = 182 min 15 s

182 ÷ 60 = 3 R 2

182 min = 3 h 2 min

10,935 s = 3 h 2 min 15 s

Convierte.

21. 82 min = _____ h _____ min

22. 200 min = _____ h _____ min

23. 411 min = _____ h _____ min

24. 78 s = _____ min _____ s

25. 163 s = _____ min _____ s

26. 1,312 s = _____ min _____ s

27. 3,860 s = _____ h _____ min _____ s

28. 18,632 s = _____ h _____ min _____ s

Práctica 4   Problemas cotidianos: Medicion

Resuelve los problemas cotidianos. Usa diagramas lineales o modelos de barras.

1. Dos amigos, Jim y Helen, corrieron un maratón de 12 km. 20 minutos más tarde, después de correr 950 metros, Helen se torció el tobillo y tuvo que retirarse de la carrera. Jim paró durante 10 minutos para ayudarla y luego continuó y terminó la carrera en 1 hora 45 minutos.

a. ¿Cuánto más lejos corrió Jim? (Da la respuesta en metros.)

b. ¿Cuánto tiempo le tomó a Jim terminar la carrera en minutos?

c. Si la maratón comenzó a las 8:15 a.m., ¿a qué hora Jim terminó la carrera?

2. Julia le toma $\frac{1}{4}$ de hora aplanchar una camisa con una plancha de vapor. Le toma $\frac{5}{12}$ de hora aplanchar una camisa y un vestido.

   a. ¿Cuánto tiempo le toma aplanchar un vestido en minutos?

   b. Si usa 0.2 litros de agua para cada camisa, ¿cuántas camisas puede aplanchar con 1 litro de agua?

3. Una manzana pesa 150 gramos. Una sandía pesa 10 veces más que la manzana.

   a. ¿Cuál es la masa de la sandía?

   b. ¿Cuál es la diferencia entre la masa de la manzana y la de la sandía?

4. Caylene mide 1.5 metros de estatura. Bally es 0.18 metros más alto que ella y 0.2 metros más bajo que Tom. ¿Cuál es la estatura de Tom en centímetros?

5. Un huevo pesa 5 onzas. La Sra. Sim usó 4 huevos, una libra de harina, $\frac{1}{2}$ libra de azúcar y $\frac{1}{4}$ de libra de mantequilla para hacer una torta. ¿Cuál es el peso total de todos los ingredientes en libras y onzas?

6. Una máquina puede llenar 3 jarras con jugo en 10 minutos. Cada jarra contiene 1.5 litros de jugo.

    a. ¿Cuántas jarras puede llenar en 1 hora?

    b. ¿Cuánto jugo se necesita para llenar todas las jarras en 1 hora?

    c. Si se vende cada jarra por $6.30, ¿cuánto dinero se recolectará si todas las jarras llenas en $\frac{1}{2}$ hora se venden?

7. La Sra. Lena usa 3 tazas de lecha y la Sra. Watson usa 19 onzas líquidas de leche. Ambas preparan *waffles*. Pueden preparar más *waffles* si usan más leche. ¿Quién prepara más *waffles*?

8. Jason atiene 87 pintas de agua para regar el jardín y Mary tiene 7 galones. ¿Quién tiene más agua?

 **¡Ponte la gorra de pensar!**

 Práctica avanzada

1. Ken peló 3 kilogramos de papas. Su hermana peló 1,900 gramos de papas.

   a. ¿Quién peló más? ¿Cuánto más? Da tu respuesta en kilogramos y gramos.

   b. Si el hermano de Ken peló 480 gramos menos que la hermana, ¿cuántos kilogramos de papas pelaron todos juntos? Da tu respuesta en kilogramos y gramos.

2. Para hacer un vestido se necesitan 3 yardas de tela. La Sra. Carlton compró una tela que medía 7 pies 8 pulgadas de longitud. Desea hacer dos de esos vestidos. ¿Cuánta tela más necesita? Da tu respuesta en yardas, pies y pulgadas.

¡Ponte la gorra de pensar!

Resolución de problemas

Comenzando a las 7:50 p.m., Patrick trabajó $\frac{1}{2}$ hora en un video, $\frac{1}{5}$ de hora en otro proyecto y se acostó 3 horas después del último proyecto. ¿A qué hora se acostó?

Área y perímetro

Práctica 1   Área de un rectángulo

Halla el área de cada figura.

Ejemplo

Hay _____3_____ hileras de cuadrados de una pulgada.

Cada hilera tiene _____4_____ cuadrados de una

pulgada. _____3_____ × _____4_____ = _____12_____

El rectángulo A está cubierto por _____12_____
cuadrados de una pulgada.

Área del rectángulo A = _____12_____ pulg²

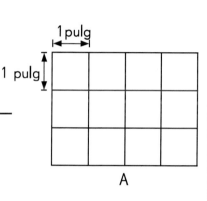

1.

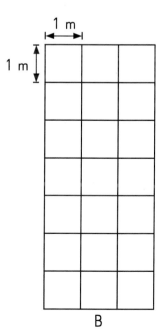

Hay _____ hileras de cuadrados de un metro.

Cada hilera tiene _____ cuadrados de un metro.

_____ × _____ = _____

El rectángulo B está cubierto por _____
cuadrados de un metro.

Área del rectángulo B = _____ m²

Observa los rectángulos que hay en la cuadrícula. Escribe la longitud, el ancho y el área de cada rectángulo de la cuadrícula. Da tus resultados en las unidades correctas.

1 cm

2.

1 cm

Rectángulo	Longitud	Ancho	Área = Longitud × Ancho
A	3 cm	2 cm	6 cm²
B			
C			
D			
E			
F			
G			

Completa para hallar el área de cada figura.

3.

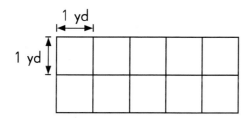

Área = longitud × ancho

= _____ × _____

= _____ yd²

El área tiene _____ yardas cuadradas.

4.

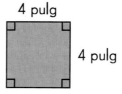

16 ft

4 ft

Área = _____ × _____

= _____ ft²

El área tiene _____ pies cuadrados.

Halla el perímetro y el área de cada rectángulo o cuadrado.

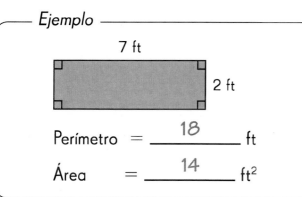

Ejemplo

7 ft

2 ft

Perímetro = _____ 18 _____ ft

Área   = _____ 14 _____ ft²

5.

4 pulg

4 pulg

Perímetro = _____ pulg

Área   = _____ pulg²

6.

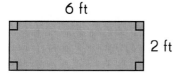

6 ft

2 ft

Perímetro = _____ ft

Área   = _____ ft²

7.

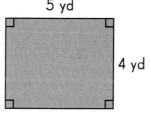

5 yd

4 yd

Perímetro = _____ yd

Área   = _____ yd²

Resuelve. Muestra el proceso.

Ejemplo

Ashley tiene una alfombra que mide 3 yardas por 2 yardas en el piso de su dormitorio. ¿Qué área tiene el piso de su dormitorio que está cubierto por la alfombra?

Área = longitud × ancho
   = 3 × 2
   = 6 yd²

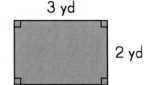

El área del piso de su dormitorio que está cubierto por la alfombra tiene 6 yardas cuadradas.

---

8. Paula quiere pintar de azul una de las paredes de su habitación. La pared mide 5 metros por 3 metros. ¿Cuál es el área de la pared que tiene que pintar?

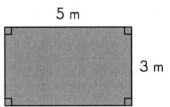

9. El área de una parque natural mide 100 millas cuadradas.
Una parcela cuadrada del parque que mide 8 millas de lado se usó para plantar robles.
¿Qué área de la reserva natural no está cubierta de robles?

Resuelve. Muestra el proceso.

10. Yolanda tiene un trozo de tela rectangular que mide 30 centímetros por 9 centímetros. Ella usa la mitad del material para hacer un títere. ¿Cuál es el área de la tela que queda?

Estima el área de cada figura en unidades cuadradas.

── *Ejemplo* ──

Área estimada

= __14–15__ unidades cuadradas

11.

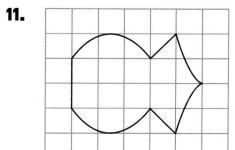

Área estimada

= _____ unidades cuadradas

12.

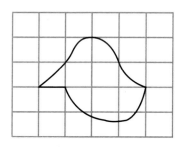

Área estimada = _____ unidades cuadradas

Diario de matemáticas

Observa las respuestas de John para el área y el perímetro de las figuras.

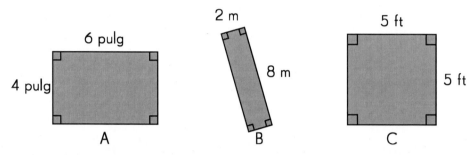

Figura	Longitud	Ancho	Área	Perímetro
A	6 pulg	4 pulg	(24 pulg)	(10 pulg)
B	8 m	2 m	16 m²	(20 cm)
C	5 ft	5 ft	(10 ft²)	20 ft

Los errores de John están encerrados en círculos.

Explica por qué estas respuestas son incorrectas. Escribe las respuestas correctas.

Ejemplo

Área de la figura A:
La unidad para medir el área de la figura A debe ser la "pulg²".

1. Perímetro de la figura A: _____

   _____

2. Perímetro de la figura B: _____

   _____

3. Área de la figura C: _____

   _____

Práctica 2   Rectángulos y cuadrados

Halla el perímetro de cada figura.

> *Ejemplo*
>
>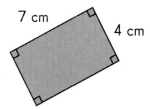
> 7 cm
> 4 cm
>
> Perímetro del rectángulo
>
> = ___7___ + ___4___ + ___7___ + ___4___
>
> = ___22___ cm
>
> El perímetro del rectángulo mide ___22___ centímetros.

1.

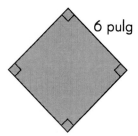
6 pulg

Perímetro del cuadrado = 4 × _____

= _____ pulg

El perímetro del cuadrado mide _____ pulgadas.

Resuelve. Muestra el proceso.

Ejemplo

El perímetro de un jardín de flores cuadrado mide 20 pies.
Halla la longitud de un lado del jardín de flores.

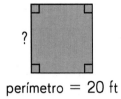

perímetro = 20 ft

Longitud de un lado = perímetro ÷ 4

$\qquad$ = 20 ÷ 4

$\qquad$ = 5 ft

Un lado del jardín de flores tiene 5 pies de
longitud.

---

2. El perímetro de un edificio cuadrado mide 160 yardas.
Halla la longitud de un lado del edificio.

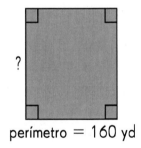

perímetro = 160 yd

Resuelve. Muestra el proceso.

3. Un campo cuadrado tiene un perímetro de 44 metros.
Halla la longitud de un lado del campo.

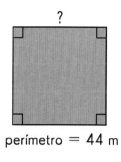

perímetro = 44 m

4. El perímetro de una ciudad rectangular mide 32 millas. Su ancho mide 5 millas.
Halla la longitud.

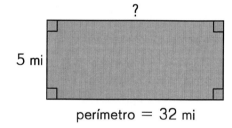

perímetro = 32 mi

Resuelve. Muestra el proceso.

5. El perímetro de un rectángulo mide 24 centímetros. Su longitud mide 9 centímetros. Halla el ancho.

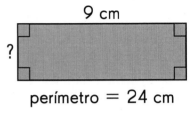

9 cm

?

perímetro = 24 cm

6. El perímetro de un jardín rectangular mide 18 yardas. Su longitud mide 6 yardas. Halla el ancho.

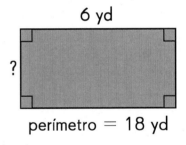

6 yd

?

perímetro = 18 yd

Práctica 3   Rectángulos y cuadrados

Halla el área de cada figura.

Ejemplo

12 ft

6 ft

Área del rectángulo   = ____12____ × ____6____

= ____72____ ft²

El área del rectángulo mide ____72____ pies cuadrados.

1.

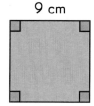

9 cm

Área del cuadrado = _____ × _____

= _____ cm²

El área del cuadrado mide _____ centímetros cuadrados.

Resuelve. Muestra el proceso.

Ejemplo

El área de un salón rectangular mide 78 yardas cuadradas. Su ancho mide 6 yardas. Halla la longitud.

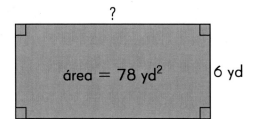

Longitud x ancho = área

Longitud x 6 = 78 yd^2

Longitud = 78 ÷ 6

= 13 yd

La longitud del salón tiene _____13_____ yardas.

2. Un rectángulo tiene un área de 56 centímetros cuadrados. Su longitud mide 8 centímetros. Halla el ancho.

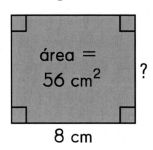

8 cm

El rectángulo tiene _____ centímetros de ancho.

Resuelve. Muestra el proceso.

3. El área de una alfombra rectangular tiene 84 metros cuadrados. Su ancho tiene 7 metros.

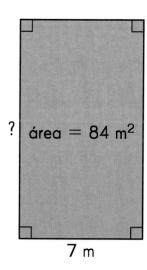

área = 84 m²

7 m

    a. Halla la longitud.

    b. Halla el perímetro de la alfombra.

4. El área de un cuadrado tiene 64 pulgadas cuadradas.
Halla la longitud de un lado del cuadrado.
(Pista: ¿Qué número multiplicado por sí mismo es igual a 64?)

área = 64 pulg²

5. El área de un jardín cuadrado tiene 100 metros cuadrados.

    a. Halla la longitud de cada lado del jardín.

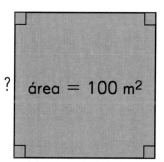

área = 100 m²

    b. Halla el perímetro del jardín.

Resuelve. Muestra el proceso.

6. El área de una zona de recreo rectangular tiene 45 millas cuadradas. Su ancho tiene 5 millas.

    a. Halla la longitud.

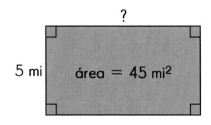

    b. Halla el perímetro.

7. El perímetro de un cartel rectangular mide 156 pulgadas. Su ancho mide 36 pulgadas.

    a. Halla la longitud.

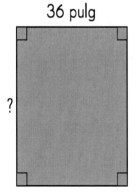

    b. Halla el área.

Práctica 4   Figuras compuestas

Halla la longitud de los lados desconocidos de cada figura.
Luego, halla el perímetro de cada figura.

— *Ejemplo* —

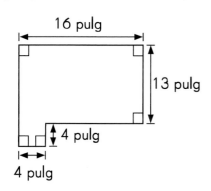

Longitud del primer lado desconocido = 16 − 4 = 12 pulg
Longitud del segundo lado desconocido = 13 + 4 = 17 pulg
Perímetro de la figura = 16 + 13 + 12 + 4 + 4 + 17 = 66 pulg

Perímetro = _____ 66 _____ pulg

1.

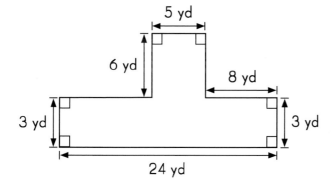

Perímetro = _____ yd

Resuelve. Muestra el proceso.

2. Tom quiere cercar el terreno que se muestra en el diagrama. Halla el perímetro del terreno para hallar la longitud de material de cercado que necesita.

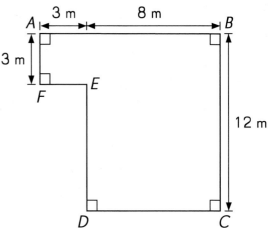

Perímetro = _____ m

3. Halla el perímetro de esta figura.

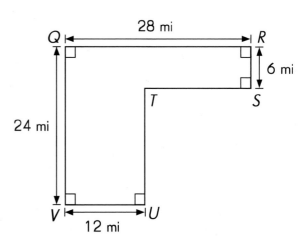

Perímetro = _____ mi

Resuelve. Muestra el proceso.

4. Halla el perímetro de la figura.

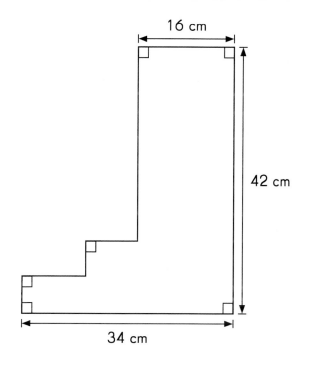

Perímetro = _____ cm

Halla el área de cada figura compuesta. Muestra el proceso.

Ejemplo

Divide la figura en dos rectángulos como se muestra.
Luego, halla el área de la figura entera.

Área del rectángulo 1 = longitud × ancho
$$= 10 \times 3$$
$$= 30 \text{ pulg}^2$$

Área del rectángulo 2 = longitud × ancho
$$= 7 \times 6$$
$$= 42 \text{ pulg}^2$$

Área total = área del rectángulo 1 + área del rectángulo 2
$$= 30 + 42$$
$$= 72 \text{ pulg}^2$$

Área = _____72_____ pulg^2

Halla el área de cada figura compuesta. Muestra el proceso.

5.

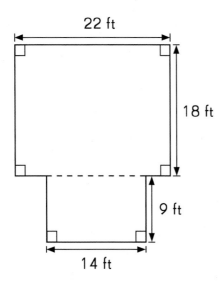

Área = _____ ft²

6.

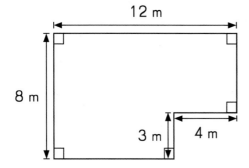

Área = _____ m²

Práctica 5   Usar las fórmulas del área y del perímetro

Resuelve. Muestra el proceso.

Ejemplo

El suelo de un patio que mide 8 pies por 7 pies está cubierto de baldosas de 1 pie cuadrado. El área sombreada de la figura tiene baldosas negras y el área no sombreada tiene baldosas blancas. ¿Qué área está cubierta de baldosas blancas?

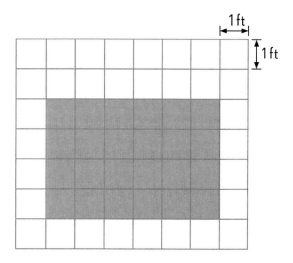

Área del patio $= 8 \times 7$
$= 56 \text{ ft}^2$

Área sombreada $= 6 \times 4$
$= 24 \text{ ft}^2$

Área del patio − área sombreada
$= 56 - 24$
$= 32 \text{ ft}^2$

El área cubierta de baldosas blancas mide 32 pies cuadrados.

---

1. El piso de la sala del señor Jones tiene la forma que se muestra a continuación.

a. Estima el área de su sala, en yardas cuadradas.

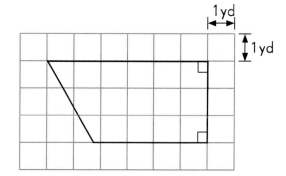

b. El señor Jones quiere alfombrar su sala. Si un rollo de alfombra tiene 3 yardas de ancho, ¿cuál es la longitud mínima del rollo de alfombra que debe comprar el señor Jones?

Resuelve. Muestra el proceso.

2. La figura muestra un rectángulo pequeño y un rectángulo grande. Halla el área de la parte sombreada de la figura.

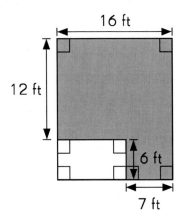

Área del rectángulo grande   = _____ × _____

              = _____ ft^2

Área del rectángulo pequeño = _____ × _____

              = _____ ft^2

Área de la parte sombreada   = área del rectángulo grande − área del rectángulo pequeño

              = _____ − _____

              = _____ ft^2

El área de la parte sombreada mide _____ pies cuadrados.

Resuelve. Muestra el proceso.

3. La figura muestra un rectángulo pequeño y un rectángulo grande.
Halla el área de la parte sombreada de la figura.

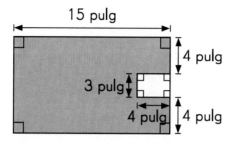

Área del rectángulo grande = _____ × _____

= _____ pulg²

Área del rectángulo pequeño = _____ × _____

= _____ pulg²

Área de la parte sombreada = _____ − _____

= _____ pulg²

El área de la parte sombreada mide _____ pulgadas cuadradas.

Ejemplo

Se coloca una alfombra en el centro de un piso rectangular, como se muestra en el diagrama. Halla el área de la alfombra.

Longitud de la alfombra = 9 − 1 − 1
= 7 m
Ancho de la alfombra = 6 − 1 − 1
= 4 m
Área de la alfombra = 7 × 4
= 28 m²
El área de la alfombra mide 28 metros cuadrados.

Resuelve. Muestra el proceso.

4. Una piscina rectangular está rodeada de una plataforma que mide 2 yardas de ancho, como se muestra en el diagrama. Halla el área de la plataforma.

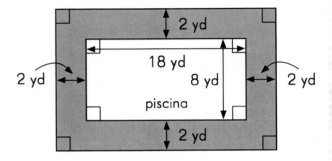

5. Un marco de fotos rectangular mide 25 centímetros por 15 centímetros. Tiene un borde de madera de 3 centímetros de ancho. ¿Cuánto debe medir una foto para que quepa en el marco?

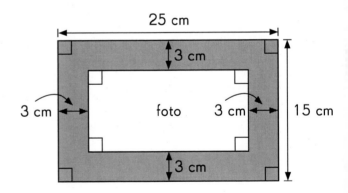

Resuelve. Muestra el proceso.

6.   Renée tiene un pedazo de cartón rectangular que mide 90 centímetros
por 80 centímetros. Recorta un pedazo rectangular pequeño que mida
15 centímetros por 20 centímetros.

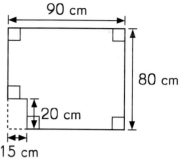

a.   Halla el área del pedazo de cartón que queda.

b.   Halla el perímetro del pedazo de cartón que queda.

c.   Compara el perímetro del pedazo de cartón que queda con el del
pedazo de cartón original. ¿Cuál es mayor?

Resuelve. Muestra el proceso.

7. Melanie hace un camino de 1 yarda de ancho alrededor de este terreno rectangular, como se muestra en el diagrama. Halla el perímetro y el área del terreno.

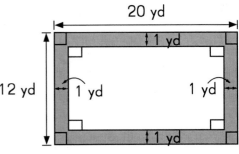

8. Un pedazo de papel rectangular que mide 15 centímetros por 7 centímetros se dobla a lo largo de las líneas punteadas para formar la figura que se muestra.

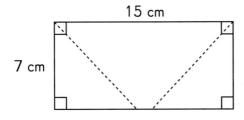 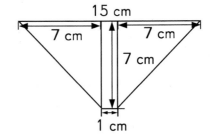

Halla el área de la figura resultante.

¡Ponte la gorra de pensar!

Práctica avanzada

1. Usa las cuadrículas para trazar tantos rectángulos diferentes como puedas, con un área de 12 centímetros cuadrados cada uno. Haz lo mismo para trazar rectángulos con un área de 9 centímetros cuadrados. ¿Cuántos rectángulos puedes trazar para cada área?

Resuelve. Muestra el proceso.

2. La longitud de una pintura es 3 veces mayor que su ancho. Su perímetro mide 64 pulgadas. Halla la longitud.

3. La longitud de un corral para perros es el doble de su ancho. Su área mide 50 yardas cuadradas. Halla la longitud y el ancho del corral para perros.

Resuelve. Muestra el proceso.

4. Un jardín rectangular que mide 15 metros por 8 metros está bordeado en un lado por una casa, como se muestra. ¿Cuánto material de cercado se necesita para el jardín?

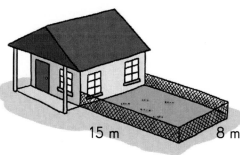

15 m   8 m

5. La señora Evan cubrió el piso rectangular de su sala con una alfombra en forma de paralelogramo, como se muestra. El piso mide 5 pies por 7 pies. ¿Qué parte del piso está cubierto por la alfombra?

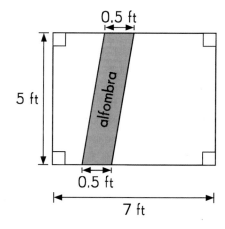

0.5 ft

5 ft   alfombra

0.5 ft

7 ft

Estima el área.

6. Peter quiere hacer un collage de un parque.
¿Cuánto papel necesita para hacer esta laguna?

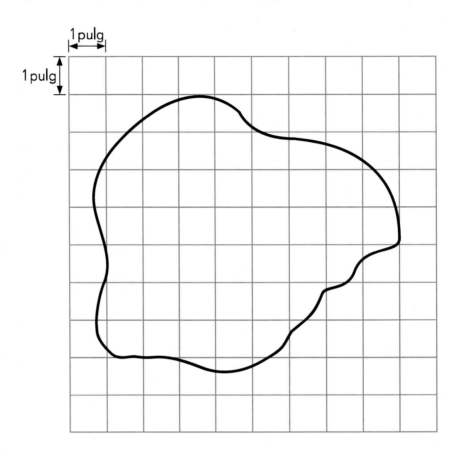

Nombre: _____   **Fecha:** _____

 **¡Ponte la gorra de pensar!**

Resolución de problemas

1. Shawn tiene un pedazo de cartón como el que se muestra en el diagrama. Quiere recortar tantos cuadrados del cartón como sea posible. ¿Cuántos cuadrados puede cortar si cada lado de un cuadrado tiene

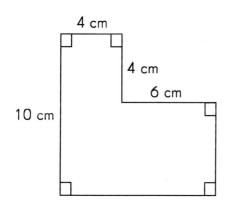

4 cm

4 cm

6 cm

10 cm

a. 2 centímetros de largo?

b. 3 centímetros de largo?

c. 4 centímetros de largo?

2. La figura A muestra un pedazo de papel doblado de modo que forma un cuadrado con lados de 8 pulgadas, como se muestra en el diagrama.
La figura B muestra una de las solapas abiertas. Halla el área de la figura B.

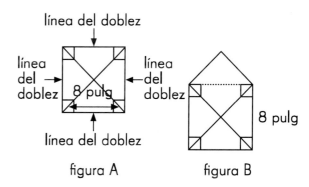

línea del doblez

línea del doblez

línea del doblez

línea del doblez

8 pulg

8 pulg

figura A   figura B

Resuelve. Muestra el proceso.

3. La figura muestra dos cuadrados. El área de la parte no sombreada de la figura mide 9 pies cuadrados. Si los lados de ambos cuadrados son números enteros, halla el perímetro de la parte no sombreada.

Simetría

Práctica 1   Identificar ejes de simetría

¿Es la línea punteada de cada figura un eje de simetría? Escribe *sí* o *no*.

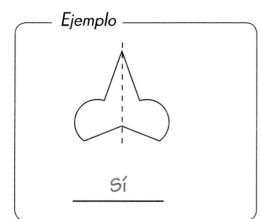

Ejemplo

Sí

1.

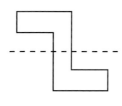

_____

2.

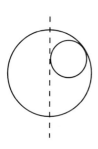

_____

3.

_____

4.

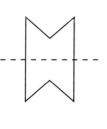

_____

5.

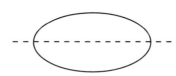

_____

¿Es la línea punteada en cada figura un eje de simetría? Escribe *sí* o *no*.

6.

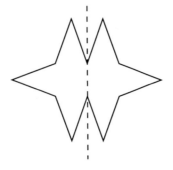

_____

7.

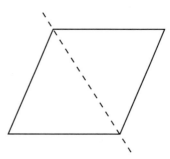

_____

Observa cada letra y cada número. ¿Cuáles tienen ejes de simetría? Encierra tus respuestas en un círculo.

8.
 B   C   D   E   F   G

H   I   J   K   L   M   N

O   P   Q   R   S   T   U

V   W   X   Y   Z   1   2

3   4   5   6   7   8   9

Práctica 2   Simetría rotacional

Determina si cada figura tiene simetría rotacional alrededor del centro que se muestra. Escribe *sí* o *no*.

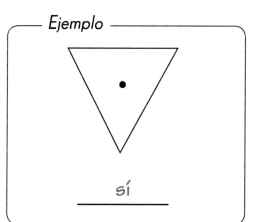

Ejemplo

sí
_____

1.

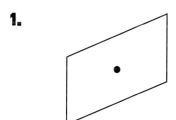

_____

2.

_____

3.

_____

4.

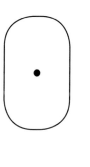

_____

5.

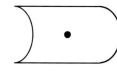

_____

Determina si cada una de las figuras tiene simetría rotacional alrededor del centro que se muestra. Escribe *sí* o *no*.

6.

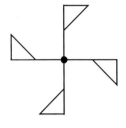

_____

7.

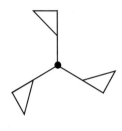

_____

Observa cada letra y cada número. ¿Cuáles tienen simetría rotacional? Encierra en un círculo tus respuestas.

8. A   B   C   D   E   F   G

Ⓗ   I   J   K   L   M   N

O   P   Q   R   S   T   U

V   W   X   Y   Z   1   2

3   4   5   6   7   8   9

Práctica 3   Crear figuras y patrones simétricos

Cada una de las figuras siguientes es la mitad de una figura simétrica cuyo eje de simetría es la línea punteada. Completa cada una de las figuras simétricas.

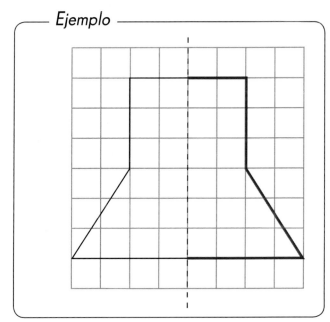

Ejemplo

1.

2.

3.

Cada una de las figuras siguientes es la mitad de una figura simétrica cuyo eje de simetría es la línea punteada. Completa cada una de las figuras simétricas.

4.

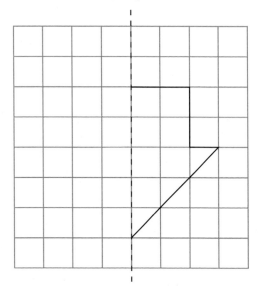

5.

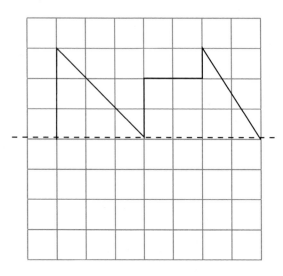

Sombrea los cuadrados correctos de modo que el patrón de los cuadrados sombreados tenga simetría axial alrededor de la línea punteada.

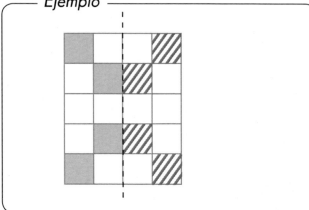

Ejemplo

6.

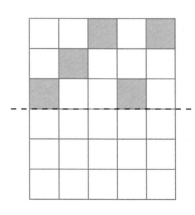

7.

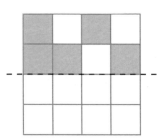

8.

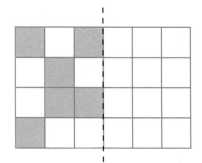

Sombrea cuatro cuadrados más en cada una de las figuras de modo que el patrón de los cuadrados sombreados tenga simetría rotacional.

Ejemplo

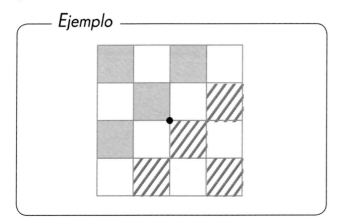

9.

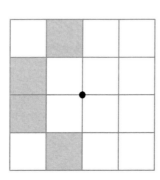

10.

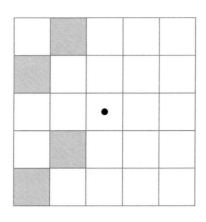

11.

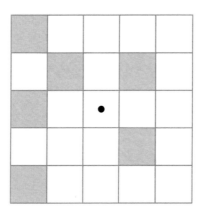

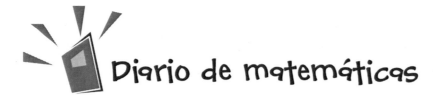

Diario de matemáticas

Completa.

1.

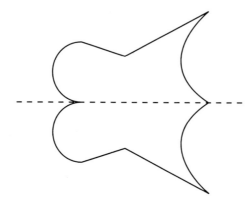

Explica por qué la línea punteada es el eje de simetría de la figura.

_____

_____

2.

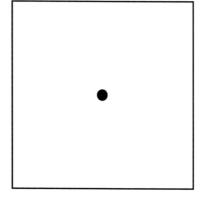

¿Tiene este cuadrado simetría rotacional alrededor del centro que se muestra? Explica.

_____

_____

¡Ponte la gorra de pensar!

Práctica avanzada

Sombrea los cuadrados correctos de modo que el patrón de los cuadrados sombreados tenga simetría axial alrededor de la línea punteada que se muestra.

1.

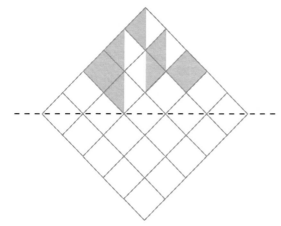

2.

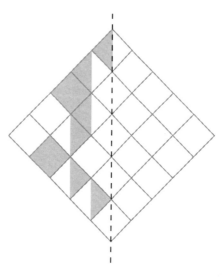

En la siguiente cuadrícula, diseña un patrón simétrico que tenga tanto simetría axial como simetría rotacional alrededor de la línea punteada que se muestra.

3.

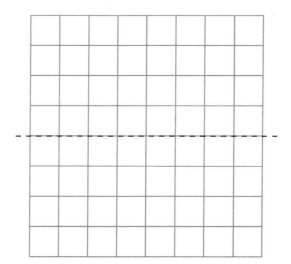

¡Ponte la gorra de pensar!

Resolución de problemas

Agrega una unidad cuadrada a cada figura para que sea simétrica alrededor de la línea punteada que se muestra.

1.

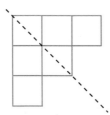

2.

Sombrea unidades cuadradas en cada patrón de modo que tengan simetría axial y simetría rotacional.

3.

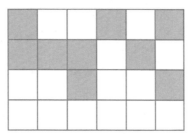

4.

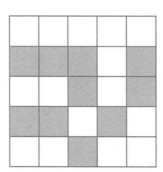

Resuelve.

5. Usa los dígitos 0, 1, 6, 8 y 9 para escribir todos los números de tres dígitos que puedan tener simetría rotacional. Los dígitos pueden usarse más de una vez.

Teselaciones

Práctica 1 Identificar teselaciones

En cada teselación, sombrea la figura que se repite.

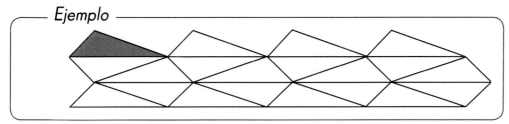
Ejemplo

1.

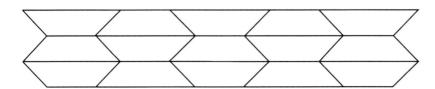

2.

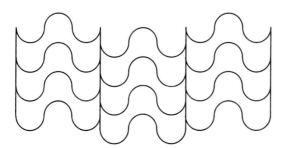

3.

¿Es cada patrón una teselación de una sola figura que se repite? Escribe *sí* o *no*. Explica tu respuesta.

--- Ejemplo ---

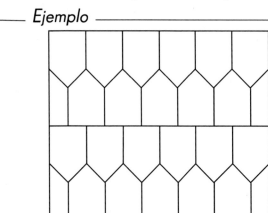

Sí. Se compone de una sola figura que se repite. Las figuras repetidas no tienen espacios entre ellas ni se traslapan.

4.

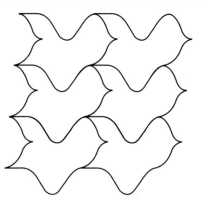

_____

_____

_____

_____

5.

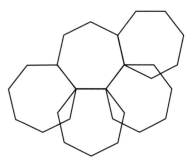

_____

_____

_____

_____

6.

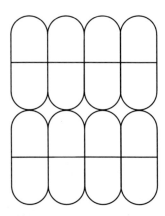

_____

_____

_____

_____

Agrega la figura que se repite a cada teselación ocho veces.

7.

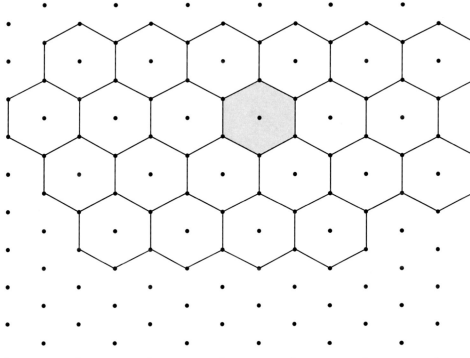

8.

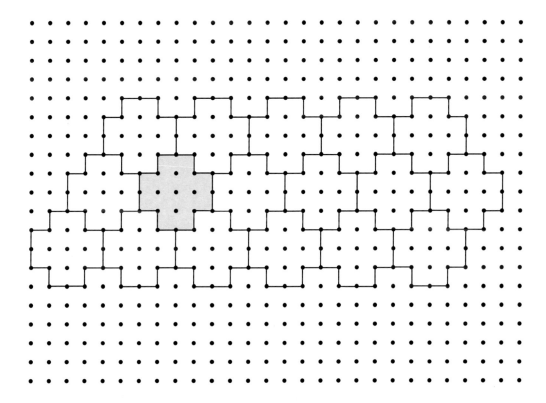

Usa cada figura para formar una teselación en el espacio dado.

9.

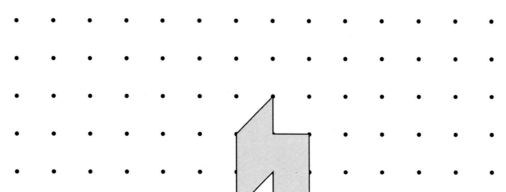

10.

Usa cada figura para formar una teselación en el espacio dado.

11. Rota esta figura para hacer una teselación.

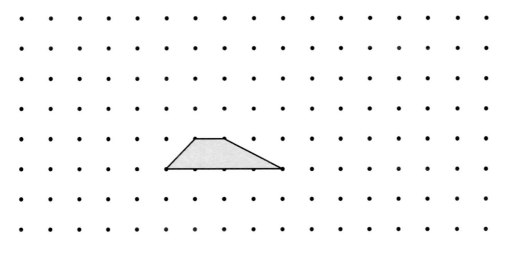

12. Invierte esta figura para formar una teselación.

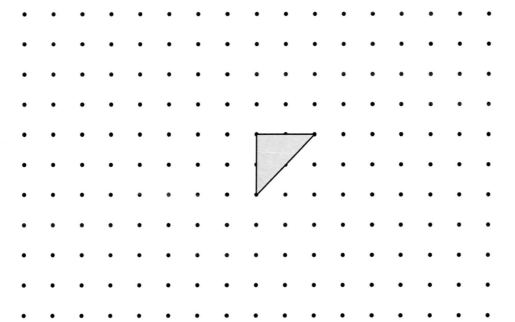

Usa la figura para formar una teselación en el espacio dado.

13. Rota, invierte o traslada esta figura para formar una teselación.

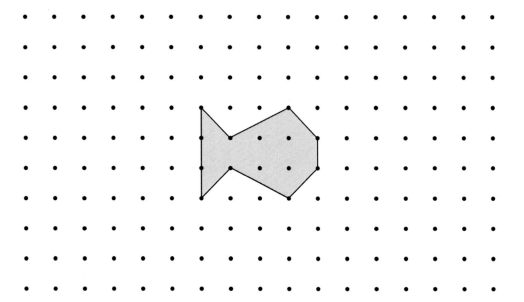

Práctica 2   Más teselaciones

Agrega la figura que se repite a cada teselación ocho veces.

1   Teselación 1

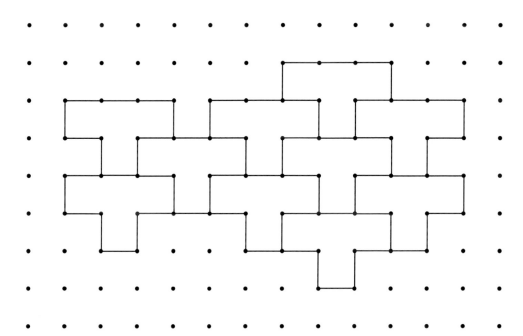

2.   Teselación 2

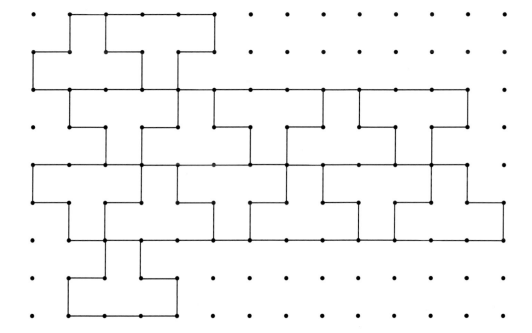

Usa la figura para hacer dos teselaciones diferentes en los espacios dados en esta página y en la página siguiente.

3. Teselación 1

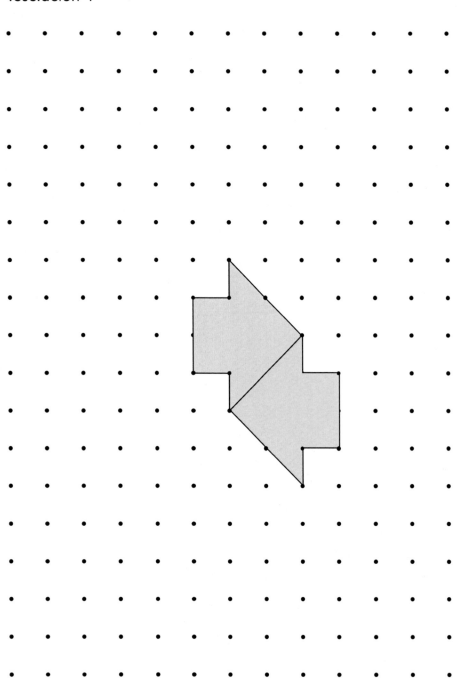

4.   Teselación 2

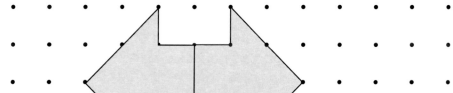

Haz una figura y úsala para formar una teselación.

5. Se recortó la parte sombreada del cuadrado de la izquierda y luego se la pegó en el lado opuesto para formar la figura de la derecha.

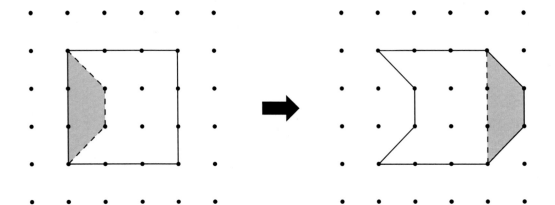

La nueva figura se muestra en la siguiente cuadrícula punteada. Usa esta figura para hacer una teselación en el espacio dado.

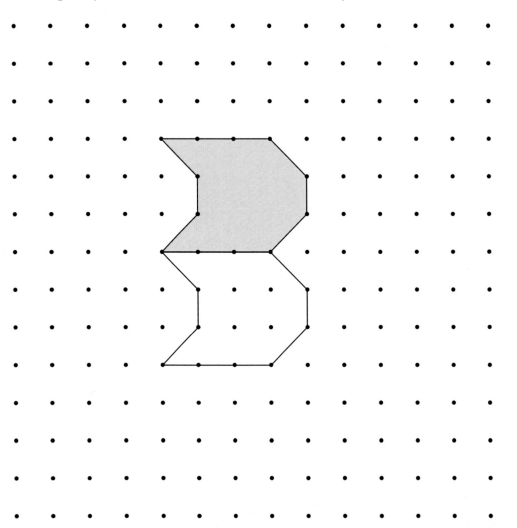

¡Ponte la gorra de pensar!

 Práctica avanzada

1. Usando el triángulo dado, haz otra figura que pueda formar una teselación.
Recorta una parte del triángulo y pégala en un lado diferente.
Haz una teselación con tu nueva figura en el espacio dado.

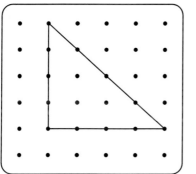 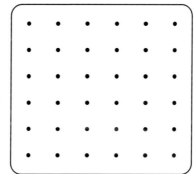

Figura A   Figura B

2. Se recortó la parte sombreada del cuadrado de la izquierda para formar la figura que se muestra a la derecha.

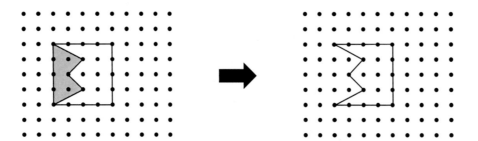

Usa la siguiente cuadrícula para determinar si esta figura puede formar una teselación. Luego, completa el espacio en blanco con *sí puede* o *no puede*.

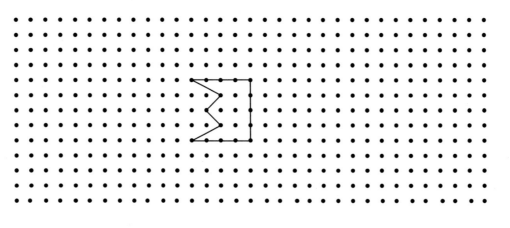

La figura 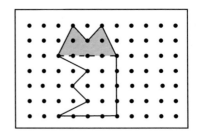 _____ formar una teselación.

3. Cada una de estas figuras se forma pegando la parte que se recortó del cuadrado anterior en un lado diferente del cuadrado.

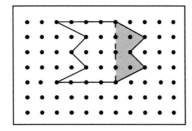

Figura A

Figura B

Usa la siguiente cuadrícula para determinar si las figuras pueden formar una teselación. Luego, completa los espacios en blanco con *sí puede* o *no puede*.

a.

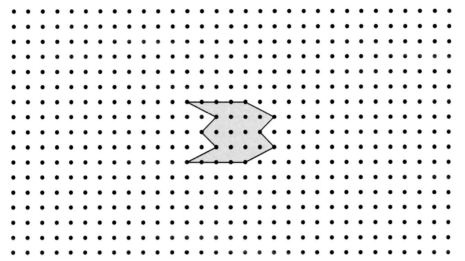

La figura ⟩⟨ _____ formar una teselación.

b.

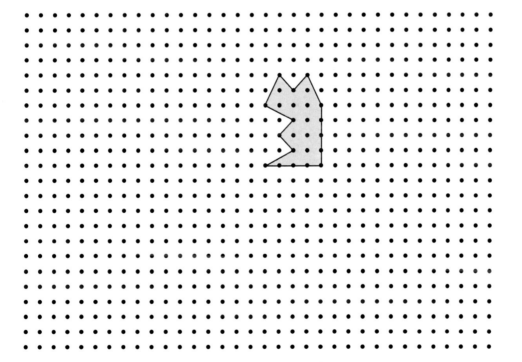

La figura ⟩⟨ _____ formar una teselación.

Usa la figura para formar dos teselaciones diferentes en los espacios dados.

4.   Teselación 1

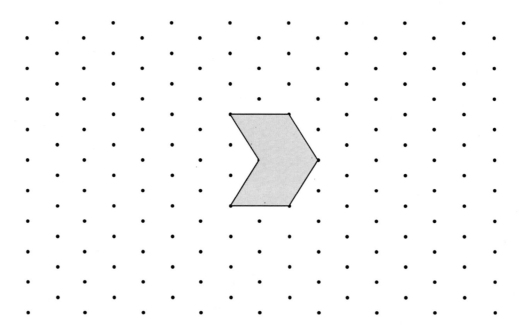

5.   Teselación 2

Repaso acumulativo

de los Capítulos 12 a 15

Conceptos y destrezas

Convierte estas medidas. *(Lecciones 12.1 y 12.2)*

1.   5 m = _____ cm

2.   3 toneladas = _____ lb

3.   2 mi = _____ yd

4.   Darren puede corre 0.6 km en media hora. ¿Qué tan lejos puede correr en 10 min? (Da tu respuesta en metros.)

5.   Una botella contiene 0.75 pintas de agua.

   a.   ¿Cuántas pintas contienen 6 botellas de estas?

   b.   Si cada botella pesa 210 g, ¿cuál es la masa de las 6 botellas?

Estima el área de cada figura. *(Lección 13.1)*

6.

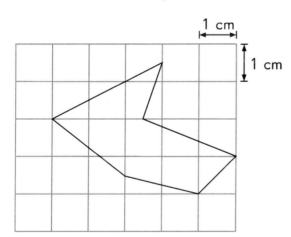

7.

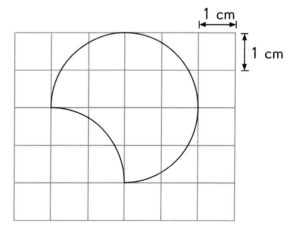

Resuelve. Muestra el proceso. *(Lección 13.2)*

8.   El perímetro de un rectángulo mide 54 pies. Su longitud mide 14 pies.
Halla su ancho.

9.   El área de un rectángulo mide 65 pulgadas cuadradas. Su ancho mide
5 pulgadas. Halla su longitud.

¿Es la línea punteada de cada figura un eje de simetría?
Escribe sí o no. *(Lección 14.1)*

10.

11.

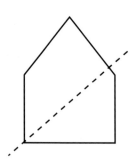

12.

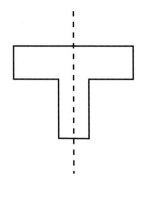

_____   _____   _____

Determina si cada una de las figuras tiene simetría rotacional alrededor del centro que se muestra. Escribe *sí* o *no*. *(Lección 14.2)*

13.

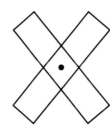

_____

14.

_____

Cada figura es la mitad de una figura simétrica con la línea punteada como su eje de simetría. Completa las figuras simétricas. *(Lección 14.3)*

15.

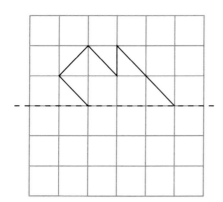

16.

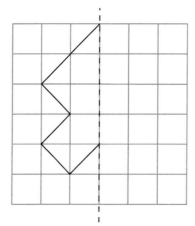

Cada figura es la mitad de una figura simétrica. Completa las figuras simétricas de modo que tengan simetría rotacional alrededor del centro que se muestra. *(Lección 14.3)*

17.

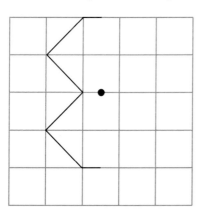

18.

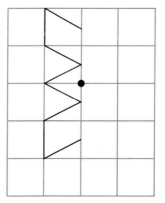

Sombrea los cuadrados correctos de modo que el patrón de cuadrados sombreados tenga simetría rotacional alrededor del punto dado. *(Lección 14.3)*

19.

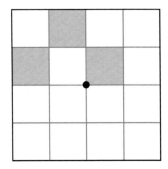

20.

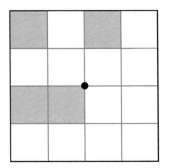

Sombrea la figura repetida en cada teselación. *(Lección 15.1)*

21.

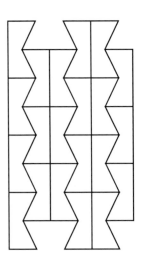

22.

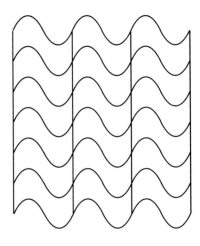

Agrega cuatro veces a la teselación la figura que se repite. *(Lección 15.1)*

23.

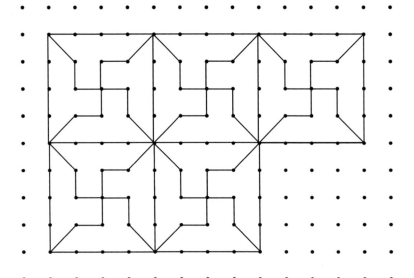

Agrega nueve veces a la teselación la figura que se repite. *(Lección 15.1)*

24.

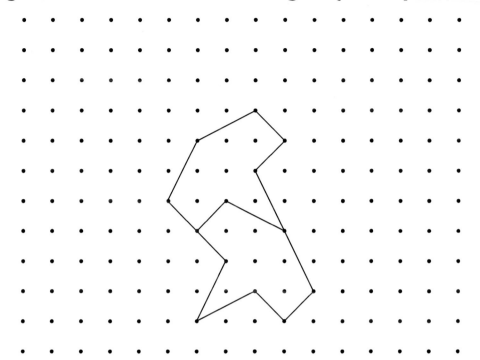

Resolución de problemas

Resuelve. Muestra el proceso. *(Lecciones 13.3 y 13.4)*

25. Esta figura está formada por rectángulos. Halla su perímetro y su área.

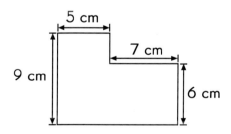

Resuelve. Muestra el proceso. *(Lección 13.3)*

26. Se divide un rectángulo en 3 cuadrados idénticos, como se muestra. El área del rectángulo mide 147 yardas cuadradas. Halla la longitud y el ancho.

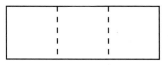

27. Una fotografía que mide 12 centímetros por 9 centímetros está montada en un trozo rectangular de cartón que mide 20 centímetros por 15 centímetros, como se muestra.
Halla

    a. el área del borde.

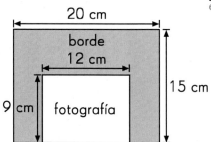

    b. el perímetro del borde.

Resuelve. *(Lección 14.1)*

28. Observa la siguiente figura. ¿Al unir los puntos *A* y *B* se forma un eje de simetría? Explica tu respuesta.

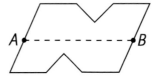

_____

_____

Resuelve. *(Lecciones 14.1 y 14.2)*

29. Usando las letras H, I, M, O, S y U, forma un patrón simétrico de tres letras que tenga

   a. solo simetría axial.

   b. solo simetría rotacional.

   c. tanto simetría axial como simetría rotacional.

   Las letras se pueden usar más de una vez.

Traza. *(Lección 15.2)*

30. Usa la figura dada para formar dos teselaciones diferentes.

a. Teselación 1

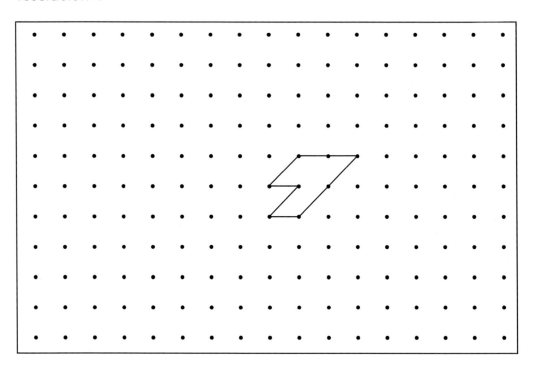

b. Teselación 2

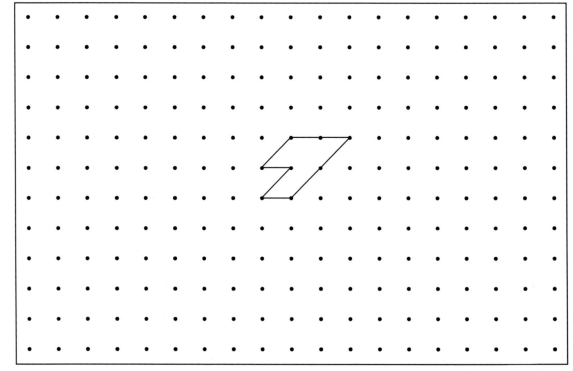

Repaso final del año

Preparación para la prueba

Opción múltiple

Sombrea el círculo que está junto a la respuesta correcta.

1. El dígito 9 en 89.4 representa _____. *(Lección 7.2)*

(A) 9 centésimos   (B) 9 décimos

(C) 9 unidades   (D) 9 decenas

2. Halla 9.50 − 2.63. *(Lección 8.2)*

(A) 5.07   (B) 5.73

(C) 6.67   (D) 6.87

3. El producto de 9 y _____ es 1,107. *(Lección 3.1)*

(A) 123   (B) 1,098

(C) 1,116   (D) 9,963

4. La tabla muestra el número de frutas y panecillos que tiene un grupo de estudiantes. En la tabla faltan algunos números. Usa la información de la tabla para responder la pregunta. *(Lección 4.1)*

Nombre	Número de frutas	Número de panecillos	Total
Annabel	25	34	59
Mandy	12	26	38
Crystal		17	

Hay un total de 120 frutas y panecillos. ¿Cuántas frutas tiene Crystal?

(A) 6   (B) 23

(C) 37   (D) 97

5. El diagrama de tallo y hojas muestra la puntuación que logró Jason en nueve partidos de básquetbol. *(Lección 5.3)*

Puntuación de Jason	
Tallo	**Hojas**
1	0 2 9
2	3 6 6 7
3	4
4	0

¿Cuál es el valor atípico del conjunto de datos?

(A) 40

(B) 26

(C) 23

(D) 10

6. Peter saca de una bolsa una de estas tarjetas con números. *(Lección 5.5)*

| 4 | | 1 | | 12 | | 7 | | 23 | | 10 |

¿Cuál es la probabilidad de que saque un número menor que 10?

(A) $\frac{1}{2}$

(B) $\frac{1}{3}$

(C) $\frac{1}{4}$

(D) $\frac{1}{6}$

7. Resta $\frac{2}{4}$ de $\frac{7}{12}$. Elige el resultado en su mínima expresión. *(Lección 6.2)*

(A) $\frac{1}{12}$

(B) $\frac{2}{15}$

(C) $\frac{2}{5}$

(D) $\frac{11}{15}$

8. La medida del $\angle PQR$ es $162°$. Halla la medida del $\angle PQS$. *(Lección 9.3)*

(A) $18°$

(B) $72°$

(C) $81°$

(D) $9°$

9. $4\frac{3}{5} =$ _____ *(Lección 6.3)*

(A) $\frac{12}{5}$

(B) $\frac{20}{5}$

(C) $\frac{23}{5}$

(D) $\frac{43}{5}$

10. ¿Cuál de las partes sombreadas representa $\frac{4}{5}$ de un conjunto? *(Lección 6.7)*

(A)

(B)

(C)

(D)

11.

La flecha señala _____. *(Lección 7.1)*

(A) 0

(B) 1.2

(C) 1.3

(D) 4

12. Ava pesa 45.0 kilogramos si se redondea a 1 lugar decimal. ¿Cuál es su menor peso posible? *(Lección 7.4)*

(A) 45.01 kilogramos   (B) 44.95 kilogramos

(C) 44.99 kilogramos   (D) 44.55 kilogramos

13. 0.55 no es igual a _____. *(Lección 7.5)*

(A) $\dfrac{11}{20}$ (B) $\dfrac{55}{100}$

(C) $\dfrac{550}{1,000}$ (D) $\dfrac{55}{10}$

14. 4.6 – 0.46 es igual a _____. *(Lección 8.2)*

(A) 0   (B) 4.14

(C) 4.20   (D) 4.26

15. ¿Cuál de estos ángulos es un ángulo agudo? *(Lección 9.1)*

(A)

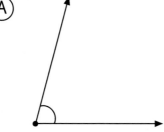

(B)

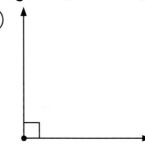

(C)

(D)

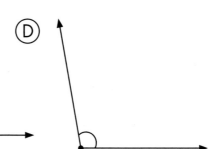

16.

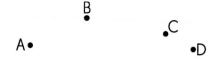

Sam necesita trazar un ángulo de 125° desde el punto X.
Debe unir el punto X con el punto _____. *(Lección 9.2)*

Ⓐ A Ⓑ B

Ⓒ C Ⓓ D

17. Responde los ejercicios 15 y 16 basándote en la figura.

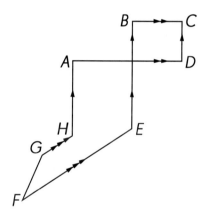

¿Qué segmento es perpendicular a $\overline{AH}$? *(Lección 10.1)*

Ⓐ HG Ⓑ BE

Ⓒ FE Ⓓ AD

18. ¿Qué segmento es paralelo a $\overline{CD}$? *(Lección 10.2)*

Ⓐ AD Ⓑ GH

Ⓒ BE Ⓓ FG

19. En el siguiente cuadrado, halla la medida del ∠a. *(Lección 11.2)*

(A) 30°

(B) 45°

(C) 60°

(D) 90°

20. El perímetro de un rectángulo mide 24 centímetros.
La longitud de uno de sus lados mide 5 centímetros.
¿Cuál es el área? *(Lección 12.1)*

(A) 7 cm²

(B) 14 cm²

(C) 35 cm²

(D) 49 cm²

21. Todos los segmentos de la figura se encuentran y forman ángulos rectos.
Halla *EF*. *(Lección 12.1)*

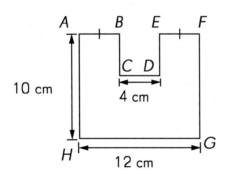

(A) 4 cm

(B) 6 cm

(C) 8 cm

(D) 10 cm

22.   ¿Qué par de figuras son simétricas? *(Lección 13.1)*

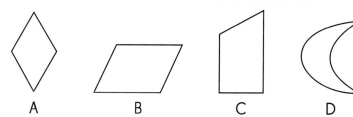

A   B   C   D

Ⓐ   A y B   Ⓑ   B y C

Ⓒ   C y D   Ⓓ   D y A

23.   ¿Cuál es la figura repetida que se usa en esta teselación? *(Lección 14.1)*

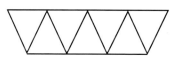

Ⓐ   △   Ⓑ

Ⓒ   ◺   Ⓓ   ▷

24.   ¿Cuál de estas figuras tiene simetría rotacional. *(Lección 13.2)*

Ⓐ   ▱   Ⓑ   ◠

Ⓒ   △   Ⓓ   ▽

25. Esta figura puede formar una teselación por medio de una _____.
(Lección 15.2)

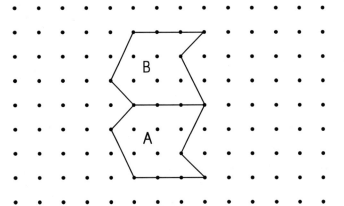

(A) traslación   (B) rotación

(C) inversión   (D) todas las anteriores

26.

Para pasar de la posición A a la posición B, la figura base
fue _____. *(Lección 15.2)*

(A) trasladada   (B) rotada

(C) invertida   (D) ninguna de las anteriores

Respuesta corta

Lee cada pregunta con atención. Escribe los resultados en el espacio dado. Da tus resultados en las unidades correctas.

27. Soy un número entre 30 y 50. Soy múltiplo de 8.
Mi máximo factor común con 25 es 5.
¿Qué número soy? *(Lecciones 2.2 y 2.3)*

_____

28. La tabla muestra el número de canicas que tienen Anthony y Michelle.
Completa la tabla y responde las preguntas. *(Lección 4.1)*

	Canicas rojas	Canicas azules	Total
Anthony	18	26	
Michelle	37		61

a. ¿Cuál es el número total de canicas rojas?

_____

b. ¿Qué fracción del número total de canicas son azules?

_____

29. La gráfica muestra la cantidad de agua que usan los residentes de un bloque de apartamentos durante una mañana. *(Lección 4.3)*

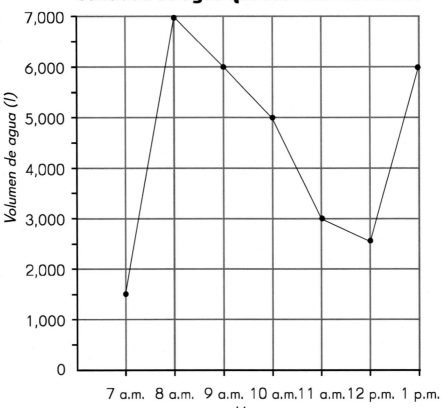

Cantidad de agua que usan los residentes

Volumen de agua (l)

Hora

a. ¿En cuáles dos horas se usó la misma cantidad de agua?

b. ¿A qué hora la cantidad de agua que se usó fue el doble de la que se usó a mediodía?

30. En una bolsa hay 5 pelotas rosadas, 8 pelotas amarillas y 4 pelotas azules. ¿Cuál es la probabilidad de sacar de la bolsa una pelota rosada? *(Lección 5.5)*

31. ¿Cuánto es $\frac{7}{12} - \frac{2}{6}$? Escribe tu respuesta en su mínima expresión.
(Lección 6.2)

32.   Expresa $\frac{30}{7}$ en forma de número mixto. *(Lección 6.5)*

_____

33.   Halla la diferencia entre $\frac{5}{8}$ y 3. *(Lección 6.6)*

_____

34.   ¿Cuántos cuadrados grises se deben reemplazar por cuadrados blancos para que $\frac{2}{3}$ del número total de cuadrados sean grises? *(Lección 6.7)*

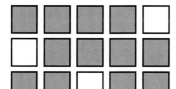

_____

35.   ¿Cuál es el número que debe ir en el recuadro? *(Lección 7.2)*

$6.34 = 6 + 0.3 + \boxed{}$

_____

36.   Li Li mide 1.85 metros de alto. Redondea su estatura al décimo de metro más cercano *(Lección 7.4)*

_____

37.   Expresa $5\frac{6}{25}$ en forma de decimal. *(Lección 7.5)*

_____

38.   La longitud de una vara de madera es 3 pies. De esta vara se cortan 4 pedazos de madera de 8 pulgadas de longitud. ¿Cuál es la longitud del pedazo de madera que queda? *(Lección 12.1)*

_____

39. Traza y rotula un segmento *BC* de manera que la medida del ángulo *ABC* sea 167°. Se da el segmento *AB*. *(Lección 9.2)*

A •————————• B

40. Traza un segmento perpendicular a *AB* a partir del punto O. *(Lección 10.1)*

• O

A •————————————————• B

41. Traza una línea paralela a $\overleftrightarrow{CD}$ que pase por el punto *X*. *(Lección 10.2)*

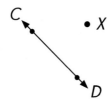

• X

42. *AB* es un segmento vertical y *BC* es un segmento horizontal. Halla la medida del ∠*ABC*. *(Lección 10.3)*

43.   Observa la siguiente figura para responder la pregunta. *(Lección 13.3)*

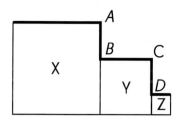

X, Y y Z son cuadrados. La longitud de cada lado de **X** mide 5 centímetros y la longitud de cada lado de **Y** mide 3 centímetros. *AB = CD.*
Halla la longitud total de las líneas gruesas de la figura.

_____

44.   Sombrea algunos cuadrados y mitades de cuadrados para hacer un patrón simétrico en la figura. *(Lección 14.3)*

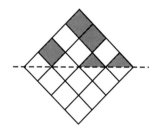

45.   En la teselación de abajo, la figura base es 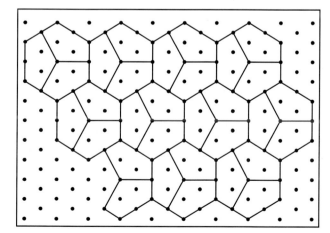.
Extiende la teselación en el espacio dado agregando otras cuatro figuras base. *(Lección 14.2)*

46. Completa la teselación añadiendo otras tres figuras base. *(Lección 15.2)*

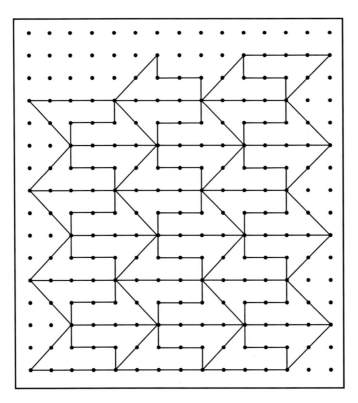

47. Completa la figura para que tenga simetría rotacional alrededor del punto O. *(Lección 14.3)*

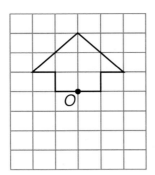

48. **a.** ¿Tiene la palabra | N | O | simetría rotacional? *(Lección 14.3)*

_____

b. Escribe en el recuadro una letra para que la palabra | N | O | | tenga simetría rotacional. *(Lección 14.3)*

_____

Respuesta desarrollada

Resuelve. Muestra el proceso.

49.   Jane usó $\frac{1}{4}$ de la harina para hacer panecillos.

Usó $\frac{1}{2}$ de la harina para hornear un pastel.

¿Qué fracción de la harina quedó?

50.   El señor Lim tiene algunos ahorros. Si le da $40 a un hermano, le quedarán $6,145. Sin embargo, decide repartir sus ahorros entre sus 5 hermanos en partes iguales. ¿Cuánto recibirá cada hermano?

51.   Rita compró tela y cinta en una tienda. La cinta costó $18.50. Rita le entregó $50.00 al cajero y recibió $5.25 como cambio. ¿Cuánto costó la tela?

52. El área de un rectángulo tiene 98 centímetros cuadrados y su ancho tiene 7 centímetros. Halla la longitud.

53. Richard plantó hierba en una parcela de tierra rectangular que mide 12 metros por 8 metros. Dejó un margen de 0.5 metros alrededor de la hierba, como se muestra en la siguiente figura. Halla el área de tierra que está cubierta de hierba. *(Lección 12.4)*

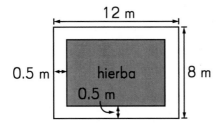